AF630275

DEUTSCHLAND

mit Hund

Julia Schattauer

DEUTSCHLAND mit Hund

Die besten Reiseziele für den entspannten Urlaub

BRUCKMANN

Inhalt

2

Süden

Westen

9

18

26

29

Am richtigen Urlaubsort? An einem ausgewiesenen Hundestrand kann Ihr Vierbeiner sich nach Herzenslust austoben.

50 km
N
Nordsee
Ostsee
DÄNEMARK
POLEN
NIEDERLANDE
ELGIEN
LUXEMBURG
FRANKREICH
SCHWEIZ
ÖSTERREICH
TSCHECHIEN
Sylt
Nordfriesische Inseln
Flensburg
Nordfriesland
1
Husum
Schleswig
Kieler Bucht
Fehmarnbelt
Fehmarn
Rügen
Sassnitz
Darß
Stralsund
Kiel
Helgoland
Deutsche Bucht
Nord-Ostsee-Kanal
Lübecker Bucht
Rostock
Greifswald
Usedom
5
Lübeck
Ostfriesische Inseln
Cuxhaven
Elbe
Wismar
Wilhelmshaven
3
Ostfriesland
Bremerhaven
HAMBURG
Schwerin
Neubrandenburg
Mecklenburgische Seenplatte
Waren (Müritz)
6
Müritz
Emden
Weser
Geesthacht
Lüneburg
Oldenburg
Bremen
Lüneburger Heide
Wilsede
2
Oder
Aller
Celle
Meppen
Ems
Wolfsburg
Brandenburg
BERLIN
Hannover
Potsdam
Osnabrück
Frankfurt (Oder)
Teutoburger Wald
Weser
Rhein
Magdeburg
Münster
Bad Salzuflen
Bielefeld
4
8
Spreewald
Spree
Lehde
Burg
Cottbus
Goslar
Brocken 1141
Halberstadt
7
Quedlinburg
Harz
Saale
Dessau
Hamm
Paderborn
Göttingen
Oberhausen
Duisburg
Essen
Dortmund
Nordhausen
Halle
Leipzig
Bad Frankenhausen
Düsseldorf
Wuppertal
Sauerland
21
Winterberg
Kassel
Leverkusen
KÖLN
Gotha
Erfurt
Jena
Eisenach
Weimar
Friedrichroda
Dresden
Sächsische Schweiz
9
Siegen
Chemnitz
Aachen
Marburg
Zwickau
Bonn
Thüringer Wald
Kurort Seiffen/ Erzgebirge
Erzgebirge
Fichtelberg 1206
10
Oberwiesenthal
Plauen
Eifel
25
Laacher See
Koblenz
Lahn
Lahntal
22
Fulda
11
Fränkische Rhön
23
Hof
Bad Homburg vor der Höhe
Taunus
FRANKFURT a. Main
Cochem
Bitburg
24
Mosel
Traben-Trarbach
Wiesbaden
26
Mainz
Aschaffenburg
Spessart
28
Main
Bad Kissingen
Coburg
Schweinfurt
Bamberg
Trier
Darmstadt
Würzburg
Ochsenfurt
Franken
13
Ludwigshafen
Mannheim
Heidelberg
Saarbrücken
Saar
Kaiserslautern
Nürnberg
27
Kraichgau
Heilbronn
Rhein
Bruchsal
Karlsruhe
Bayerischer Wald
Großer Arber 1455
Bodenmais
Regensburg
Deggendorf
12
STUTTGART
Ingolstadt
Landau a. d. Isar
Passau
Schwarzwald
Bad Urach
Reutlingen
Lech
Isar
Offenburg
Schwäbische Alb
Ulm
Neu-Ulm
Augsburg
Donau
Inn
29
14
Iller
Freiburg im Beisgau
MÜNCHEN
Ammersee
15
Starnberg
Chiemsee
Ravensburg
Memmingen
Rosenheim
Chiemgau
Prien am Chiemsee
17
Bad Reichenhall
Starnberger See
Lörrach
Konstanz
Kempten
20
Bodensee
Lindau
Allgäu
Füssen
Garmisch-Partenkirchen
18
Berchtesgadener Land
Königssee
16
19
Oberstdorf
Zugspitze 2963
Werdenfelser Land

Vorwort

Sich die frische Meeresbrise bei einem Strandspaziergang um die Nase wehen lassen, von Fachwerkhäusern gesäumte Kopfsteinpflastergassen entlangbummeln oder Gipfel erklimmen – all das macht nicht nur uns Zweibeinern viel Spaß, auch Vierbeiner erkunden liebend gern neue Orte.

Doch Urlaub mit Hunden braucht ein wenig Planung, damit die Reise nicht in Stress ausartet. Wo in Deutschland gibt es Hundestrände? Wo darf mein Vierbeiner frei laufen, und welche Hotels haben Hundebett und Spielwiese zur Verfügung? Wie sichere ich meinen Hund im Auto richtig und was darf im Reisegepäck nicht fehlen? In diesem Buch geben wir Ihnen jede Menge Tipps rund ums Reisen mit Hund an die Hand – von der Vorbereitung bis zur Anreise und darüber hinaus. Außerdem wollen wir Sie zu Ausflügen an Orte in Deutschland inspirieren, die eine Entdeckung mit dem felligen Reisebegleiter lohnen. Und so viel sei versprochen: Davon gibt es einige!

Aktiv oder gemütlich? Wir wollen Sie dazu motivieren, das traute Heim zu verlassen und mit Ihrem vierbeinigen Partner auf Erkundungstour zu gehen. Wir zeigen Ihnen, wo und wie Sie mit Ihrem Hund in Deutschland kleine und größere Abenteuer erleben können oder ganz entspannt schöne Urlaubstage genießen. Ich wünsche allen Leserinnen und Lesern viel Vernügen, zunächst beim Schmökern in diesem Buch und dann natürlich auf Tour mit Ihren Vierbeinern – beim Wandern, Radfahren oder bei einem gemütlichen Städtetrip!

Julia Schattauer

← Auch für das Campen mit Hund gilt: Erkundigen Sie sich im Vorfeld, wo es hundefreundliche Campingplätze an Ihrem Urlaubsziel gibt.

Wind, Sonne, Strand: Für einen entspannten Aufenthalt mit Ihrem Vierbeiner bieten die Nord- und Ostseeküste mit ihrer Inselwelt alles, was das Herz begehrt.

Norden

Wo der Küstenwind weht

Urlaub mit Hund

Das gehört ins Reisegepäck

BEVOR ES LOSGEHT

Bevor Sie mit Ihrem Vierbeiner in den Urlaub starten, gilt es, ein paar Dinge vorab zu klären! Erkundigen Sie sich zuerst, ob das Klima im Urlaubsland für Ihren Hund geeignet ist und bringen Sie in Erfahrung, ob es Einreisebestimmungen oder Quarantänevorschriften gibt. Überprüfen Sie, ob im blauen Heimtierausweis Ihres Hundes alle Impfungen auch über das Datum der Rückreise hinaus noch gültig sind. Hat Ihr Hund einen Mikrochip? Vereinbaren Sie rechtzeitig vor der Reise eine Vorsorgeuntersuchung beim Tierarzt, um zu klären, welche zusätzlichen Impfungen für das Urlaubsland sinnvoll sind. Sie erhalten dort auch die wirksamsten Präparate zum Zecken-, Floh- und Sandmückenschutz. Prüfen Sie außerdem im Vorfeld, ob Ihr Hund im Haustierregister angemeldet ist. Wenn nicht, dann können Sie dies gleich unter www.tasso.net oder www.registrier-dein-tier.de erledigen.

REISEAPOTHEKE UND ERSTE-HILFE-BOX

Damit Sie im Urlaub für alle Eventualitäten gut gewappnet sind, sollten Sie für Ihren Hund folgende Medikamente im Gepäck haben:
Nicht fehlen sollten in der Reiseapotheke und Erste-Hilfe-Box eine sterile Lösung (z. B. Kochsalzlösung) zum Spülen und Säubern von Wunden und Augen sowie homöopathische Augentropfen, denn Salzwasser, Sand und Sonne können Hundeaugen schnell reizen. Packen Sie außerdem Desinfektionsspray sowie Wund- und Heilsalbe für Schürfwunden und zum Einreiben spröder Pfoten ein. Ein Halsband gegen Zecken, Flöhe oder Sandmücken bietet Schutz vor den ungewünschten Blutsaugern. Für die Reise in tropische Regionen sind auch Präparate gegen Übelkeit und Durchfall für den Hund zu empfehlen. Sonnenschutzmittel mit hohem Lichtschutzfaktor sind insbesondere für kurzhaarige Hunde wichtig. Für die Wundversorgung unerlässlich sind Mullbinden und -kompressen, Leukoplast sowie eine Schere zum Schneiden der Binden. Auch eine Pinzette, ein Flohkamm, Fieberthermometer und Ohrreiniger sind sinnvoll.

DAS BRAUCHEN SIE AM URLAUBSORT

Und hier noch Praktisches für das Reisegepäck, das den Urlaub mit Hund erleichtert: Damit Ihr Vierbeiner am Urlaubsort immer beschäftigt ist, packen Sie das Lieblingsspielzeug und Leckerlis ein. Wasser- und Futternapf gehören ebenso ins Gepäck wie eine zusätzliche Plastikunterlage sowie alte Laken oder Decken, die Teppich und Sofa im Hotelzimmer schützen. Mit Hundehandtüchern säubern Sie schmutzige Pfoten, und Ihre Hundedecke oder das Bettchen sorgen für ein Stück Vertrautheit in der neuen Umgebung. Packen Sie für Gassirunden die Schleppleinen ein, ein Erdanker kann ebenfalls nützlich sein. Auch genügend Kotbeutel sollten nicht fehlen. Sorgen Sie für einen Futtervorrat, denn eine Futterumstellung im Urlaub sollten Sie besser nicht riskieren. Einpacken sollten Sie auch einen Maulkorb, denn der ist an manchen Orten Pflicht. Denken Sie auch daran: Dokumente wie die Kopie der Haftpflichtversicherungspolice und des Heimtierausweises, eine Hundemarke mit Ihren Daten für das Halsband und ein Foto mit Ihnen und Ihrem Hund sind von Vorteil, falls Ihr Hund entläuft.

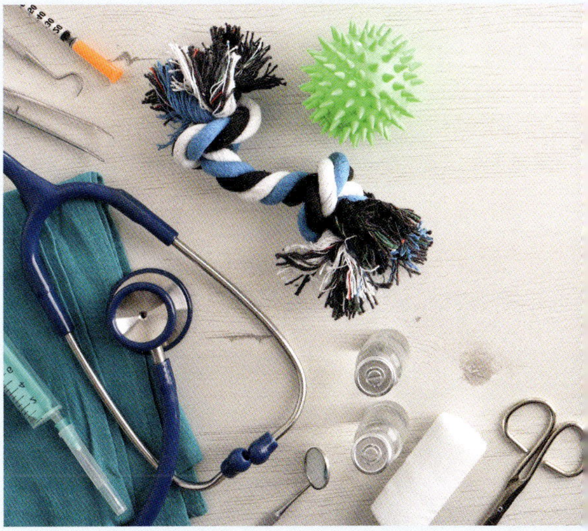

↑ Was kommt in die Erste-Hilfe-Box für den Hund – und was braucht Hund am Urlaubsort?
↖ Auch für die Fellnase müssen einige Dinge mit ins Reisegepäck.

1 Nordfrieslands rauer Charme

Zwischen Badevergnügen und Küstenwind

Bei sommerlichen Temperaturen und Sonnenschein sorgen Ebbe und Flut für abwechslungsreiche Wanderungen und Badespaß. Im Winter zeigt sich Nordfriesland von seiner beschaulicheren Seite, die Sie jedoch schnell in ihren Bann ziehen wird. Eine windfeste Jacke ist dabei von Vorteil.

Die Landschaft und das Leben werden im Nordwesten Schleswig-Holsteins von den Gezeiten bestimmt. Bei ausgedehnten Wanderungen über Dünen, Deiche und Watt kann man hier mal so richtig tief durchatmen. Irgendwie scheint es in dieser Region mehr Himmel zu geben als anderswo. Der Horizont wirkt schier endlos. Nordfriesland ist ein Ort zum Träumen, und die Strände ganz im Norden sind der passende Ort, um bewusst einen Gang herunterzuschalten. Hier weht eine steife Brise, die durch Haare und Fell streift, sodass man sich sofort viel leichter und unbeschwerter fühlt.

Obwohl die Verlockung groß ist, seinen Hund am Strand frei laufen zu lassen, ist immer auf die Leinenpflicht zu achten – und das aus gutem Grund. Im Nationalpark Wattenmeer herrscht Leinenpflicht hauptsächlich wegen der brütenden Vögel und der seltenen Zugvögel, die hier Rast machen. Aber auch weidende Schafe könnten sich durch Hunde gestört fühlen und sich auf der Flucht verletzen. Das gilt es natürlich zu vermeiden. Und falls Sie das Glück haben und auf Seehunde treffen – bitte Abstand halten! Und noch etwas: Wir wissen ja, dass viele Hunde für ihr Leben gern buddeln, aber bitte achten Sie darauf, dass Ihr Vierbeiner keine Löcher in den Deich gräbt.

Wattenmeer ahoi!

Wer diese Regeln beachtet, kann in Nordfriesland einen wundervollen Urlaub mit Hund verbringen. Glücklicherweise gibt es unzählige Hundestrände. Neben den Hundestränden mit Leinenpflicht etwa am FKK-Strand in Ording-Nord und den Hundestränden in Ording und Bad gibt es in Sankt Peter-Ording auch Strandbereiche, wo Hunde ganz nach

→ Ausgedehnte Spaziergänge am Strand oder eine Wanderung durch das Watt sind an der Küste die beste Art der Erholung für Zwei- und Vierbeiner.

»Irgendwie scheint es hier mehr Himmel zu geben als anderswo. Der Horizont wirkt schier endlos.«

Herzenslust ohne Leine toben dürfen. Vor allem die Strände in Bad und in Ording sind hier zu empfehlen, denn sie haben sogar noch ein angrenzendes Auslaufgebiet – einmal den 16 Hektar großen Auslauf »Hungerhamm« in Ording-Nord sowie den etwa 20 Hektar großen Auslauf »Bad«, den man südlich über eine Treppe auf eine Seebrücke erreicht.
Nach all dem Toben und der frischen Meeresbrise kommt bestimmt der kleine Hunger. Im Pfahlbaurestaurant »Strandhütte« und in der »Strandbar 54 Nord« kann man sich stärken. Zusammen mit dem Vierbeiner und einem Aperol Spritz genießt man hier auf dem Sonnendeck ganz regional ein Krabbenbrötchen. Die Aussicht auf das Wattenmeer ist herrlich! Ihre Fellnase bekommt sogar ein Tütchen mit Leckerlis von den Kellnern »for free«.
Das Wattenmeer liegt im südöstlichen Teil der Nordsee in der sogenannten Deutschen Bucht. Es erstreckt sich vom niederländischen Den Helder entlang der deutschen Küste bis nach Dänemark. Im deutschen Teil des Wattenmeers sind drei Nationalparks ausgewiesen: Der 1985 gegründete Nationalpark Schleswig-Holsteinisches Wattenmeer ist der älteste, dann folgte die Gründung des Nationalparks Niedersächsisches Wattenmeer und schließlich des Nationalparks Hamburgisches Wattenmeer. Der Großteil des Wattenmeers ist heute UNESCO-Weltnaturerbe. Wer die Zeiten von Ebbe und Flut im Auge behält, kann das Wattenmeer auf eigene Faust erkunden. Beachten sollten Sie dabei jedoch, dass das Wattwandern für Zwei- und Vierbeiner, die nicht so gut zu Fuß sind, recht anstrengend sein kann. Eine gute Alternative sind auch geführte Wattwanderungen in Sankt Peter-Ording, bei denen Wattführer der Schutzstation Sie durch das Wattenmeer geleiten. Ihr Hund darf an der Leine mit. Infos und Termine gibt es unter www.st-peter-ording.de.

↖ Auf der Insel Sylt: Strandkörbe am berühmten Roten Kliff in der Nähe von Kampen
← Strandspaziergang mit dem Hund
← Auch dieser Labrador am Hundestrand genießt Sonne, Sand und die steife Meeresbrise.

Inselträume werden wahr …

Nun wird es Zeit für die Insel! Nach Sylt geht es mit dem Autozug. Wer mit dem eigenen Auto auf die Insel will, der nutzt entweder das Sylt Shuttle der Deutschen Bahn oder den blauen RDC Autozug von Niebüll nach Westerland. Die Tickets können Sie schon vorab im Internet kaufen. So ersparen Sie dem Hund und sich gerade in der Hauptsaison lange Wartezeiten (Infos unter: www.syltshuttle.de oder www.autozug-sylt.de). Vergessen Sie nicht, dass sich Ihr Hund vor der Überfahrt auf die Insel vielleicht noch einmal lösen muss. Dafür gibt es an den Verladungsstationen eine extra Hundetoilette.

Tipp

KEITUM

Keitum ist der vielleicht schönste Ort auf Sylt. Das kleine Kapitänsdorf war bis in die Mitte des 19. Jahrhunderts Inselhauptort und Wohnsitz vieler Kapitäne. Die reetgedeckten Häuser mit Steinwällen sind teils 200 Jahre alt. Heute gibt es hier Cafés, Deko-Läden und Designerboutiquen. Das Altfriesische Haus zeigt die Wohnkultur des 18. Jahrhunderts und die Dorfgeschichte samt Walfang und Fischerei.

Tipp

DESIGN-APARTMENTS IN WESTERLAND

Mitten in Westerland befindet sich das Design-Hotel Villa 54° Nord mit stilvollen Apartments. Durch die zentrale Stadtlage bietet sich das Hotel nicht nur gut für Kurztrips ans Meer an, sondern besticht auch durch Hundefreundlichkeit. Was uns besonders gefallen hat: Morgens wird gemeinsam an einem großen Tisch gefrühstückt. So kommt man ganz einfach ins Gespräch und kann Geheimtipps austauschen. Mehr Infos: www.villa54-sylt.de

»Wer auf Sylt einen Gang zurückschaltet, kann auf Pellworm in den Ruhemodus.«

Die Überfahrt selbst verbringt man im eigenen Auto. Der Blick aus dem Fenster ist dabei besonders, denn ringsum ist nichts als Wasser zu sehen.
Ein echter Besuchermagnet auf der Insel ist das 30 Meter hohe Rote Kliff in Kampen. Die imposante Steilwand liegt am Weststrand zwischen Wenningstedt und Kampen und ist vier Kilometer lang. Ganze 30 Meter ragt sie in die Höhe und ist bei Sonnenuntergang oft in leuchtend rotes Licht getaucht. Direkt am Roten Kliff erhebt sich auch die berühmteste Düne der Insel: die Uwe-Düne. Mit 52 Metern bildet sie die höchste Erhebung auf Sylt. Von der Düne aus führen Wanderwege über Holzbohlenpfade entlang des Kliffs.
Rund 16 Hundestrände sind auf Sylt ausgewiesen. Im Norden befindet sich der Hundestrand im FKK-Bereich, im Süden im Abschnitt N. Jetzt geht es endlich ins kühle Nass! Übrigens: Hunden ergeht es beim Baden mit vollem Magen nicht anders als uns Menschen, denn durch den Wasserdruck kann es ihnen übel werden. Nach dem Fressen also lieber 30 Minuten warten. Was positiv auffällt: Überall werden Hundekotbeutel kostenlos angeboten.
Bei einer Wanderung kann man den nördlichsten Zipfel der Insel besuchen. Die zu List gehörende Halbinsel Ellenbogen ist der nördlichste Punkt Deutschlands. Die Schönheit des Lister Ellenbogens kann man übrigens auch im Film bewundern. Roman Polanskis *The Ghostwriter* (2010) wurde hier gedreht, auch wenn der Thriller an der amerikanischen Ostküste spielt. Was bei einem Urlaub auf Sylt nicht fehlen darf, ist der Abstecher zum legendären Gosch in List. Ein Fischbrötchen ist ein »Must«. Wer auf Sylt einen Gang zurückschaltet, kann auf Pellworm in den Ruhemodus kommen. Das Nordsee-Inselchen Pellworm mit einer Breite von sieben und einer Länge von sechs Kilometern ist ein Ort, wo

↗ Strandkorbidylle bei Sankt Peter-Ording
← Auf der Insel Sylt gibt es etwa 16 ausgewiesene Hundestrände, auf denen Vierbeiner frei laufen und spielen dürfen – und Frauchen lässt sich derweil den frischen Küstenwind um die Nase wehen.

Trubel definitiv ein Fremdwort ist. Die Insel gilt als besonders hundefreundlich, und es gibt gleich drei Hundestrände: Grünstrand Süderkoog, Grünstrand Hooger Fähre und Grünstrand Schütting.

Tipp

FAHRRAD-DRAISINE

In Leck wartet ein Abenteuer auf einem besonderen Gefährt. Auf der Fahrraddraisine haben alle Platz – die Kinder im Kindersitz und die Hunde auf der Plattform. Gemeinsam radelt man bis zu 46 Kilometer weit auf den Gleisen durch die Natur, vorbei an Wiesen und Wäldern. Die Draisinen-Touren dauern zwischen 3 und 8 Stunden und lassen sich individuell gestalten. Pro Draisine muss man mit etwa 50 Euro rechnen.

SYLTER HUNDSTAGE

Sie finden nicht, wie der Name es vermuten lässt, im Juli oder August statt, sondern im März und November. Geboten sind dann Seminare, Workshops, Ausflüge und Vorträge rund um das Thema Hund. Mehr Infos zu den Sylter Hundstagen unter www.wenningstedt.de

ÜBERNACHTEN

Der Pharisäerhof Nordstrand begrüßt Hunde mit Leckerlis und Hundewiese (www.pharisaeerhof.de). Das Ferbergje in Oldenswort ist quasi ein »friesisches Versteck« und buchbar über das Hundereisebüro www.hundeurlaub.de.

2 Durch die Lüneburger Heide

Heidekraut und Wacholder

Die Heideblüte im August und September ist weltberühmt. Doch auch zu anderen Jahreszeiten ist die Lüneburger Heide einen Besuch wert. So entsteht beispielsweise im Herbst bei Nebel ein mystisch anmutendes Landschaftsbild, das die Fantasie zu Hochtouren anregt.

Zwischen Elbe und Aller erstreckt sich mit der Lüneburger Heide eine der größten und letzten zusammenhängenden Heideflächen Mitteleuropas. Wenn die Heide blüht, dann leuchtet der Heideteppich wie ein weites Meer aus lilafarbenen Blüten. Höhepunkt des Naturschutzgebiets Lüneburger Heide ist der sogenannte Totengrund, ein etwa 30 Hektar großer Talkessel, der besonders zur Blütezeit Einheimische und Touristen verzaubert.

Tipp

KUNSTFANS AUFGEPASST!

Eines der letzten Werke des berühmten Wiener Künstlers Friedensreich Hundertwasser (1928–2000) war die Umgestaltung des Bahnhofs in Uelzen. Von dieser Attraktion aus führt der »Weg der Steine« mit 21 kunstvoll bemalten Felsskulpturen, von denen jede ihre ganz eigene Geschichte erzählt, in die Innenstadt von Uelzen.

Bereit dafür, die Heide zu erkunden? Dann bietet sich eine besondere Tour an. Der 223 Kilometer lange Heidschnuckenweg führt von Hamburg-Fischbek in der Nordheide bis nach Celle ganz im Süden der Heide. Dabei wandert man durch Heideflächen, das Naturschutzgebiet Lüneburger Heide, durch Flussauen, Wälder und vorbei an den namengebenden Heidschnucken. Die Wappentiere des Wegs sind aber nicht nur dekorative Zaungäste, sie halten mit ihrem regen Appetit die Landschaft in Zaum und machen somit erst Platz für die Besen- und Glockenheide. Einzelne Etappen des Heidschnuckenwegs bieten sich perfekt als Tageswanderungen an. So etwa die von Buchholz in der Nordheide nach Handeloh. Der 15 Kilometer lange Weg bringt den Wanderer zunächst durch die Höllenschlucht und dann durch Heidelandschaft hinauf auf den Brunsberg.

→ Die blühende Heide hat ihren ganz eigenen Reiz. Auf dem Heidschnuckenweg durch das Naturschutzgebiet Lüneburger Heide kann man die Heidelandschaft unmittelbar erleben.

Hier findet Ihr Hund die Tour sicher genauso spannend wie Sie, auch wenn er aus Naturschutzgründen unbedingt an der Leine bleiben muss. Nähere Information über die Etappen des Heidschnuckenwegs gibt es unter www.heidschnuckenweg.de.
Neben weitläufigen Heideflächen und knorrigen Wacholderhainen wie dem Wacholderwald bei Schmarbeck warten idyllische Heidedörfer, die mit ihren reetgedeckten Häusern noch immer einen nostalgischen Charme versprühen. Eines der schönsten Heidedörfer ist Wilsede. Hier angekommen, scheint die Zeit stehen geblieben zu sein. Das Heidedörfchen inmitten des Naturparks ist nur mit dem Fahrrad, der Kutsche oder zu Fuß zu erreichen. Autolärm gibt es hier nicht. Rund um Wilsede führen Wanderwege in die Natur, etwa auf den Wilseder Berg. Je weiter man sich in die Heidelandschaft vorwagt, desto ruhiger und einsamer wird es. Wenn die Sommerhitze im Land brütet, ist ein kühles Bad eine Wohltat. In der Lüneburger Heide gibt es gleich mehrere Möglichkeiten für den Badespaß mit Hund. In Müden können Sie am Bootsanleger auch Ihren Vierbeiner mitnehmen. Hundestrände finden Sie zudem am Hardauseeter See in Suderburg/Hösseringen, am Flüggenhofsee in Munster und am Oldenstädter See.

»Schon mal ein ›schwangeres Haus‹ gesehen?«

Zeugen aus vergangener Zeit

So schön die Natur ist – auch die Städte in der Lüneburger Heide lohnen einen Besuch. Zweifelsfrei hat Lüneburg eine der schönsten Altstädte Deutschlands. Wussten Sie, dass es nicht nur in Pisa einen schiefen

Turm gibt? Oder haben Sie schon einmal ein »schwangeres Haus« gesehen? Nein? Dann sollten sie sich einen Besuch in der Hansestadt nicht entgehen lassen! Schnappen Sie sich Ihren Vierbeiner und bestaunen Sie die prächtigen Fassaden. Salz machte Lüneburg einst reich. Vom Wohlstand der Stadt zeugen noch immer die Giebelhäuser aus rotem Backstein, zum Beispiel am Sande, dem größten Platz der Altstadt, wo früher tatsächlich einmal Sand gelagert wurde. Hier findet mittwochs und samstags ein bunter Wochenmarkt mit vielen regionalen Produkten statt, auf dem man beim Flanieren gern die Zeit vergisst. Auch ein Abstecher in den Kurpark ist eine gute Idee. Das salzhaltige Wasser, das über Schwarzdorn-Reisig der Gradierwerke tröpfelt, tut der Lunge gut, und die Pause auf der Bank den Füßen – perfekt zum Verschnaufen für Zwei- und Vierbeiner.

↑ Die Heidelandschaft kann man wunderbar zusammen mit dem Hund erkunden.
↙ Der Alte Kran im Lüneburger Wasserviertel ist eines der Wahrzeichen der Salz- und Hansestadt.

Auch in der Altstadt von Celle gibt es Sehenswertes. Hier kann man das größte Fachwerkensemble in Europa bestaunen: Über 500 restaurierte Häuser, die unter Denkmalschutz stehen, eines schöner als das andere. Auch dem Turmbläser auf der Stadtkirche sollte man unbedingt einen Besuch abstatten oder eine ausgedehnte Gassirunde mit Leine durch den Schlosspark oder den französischen Garten unternehmen. Es fällt ganz leicht in der Stadt Celle, einfach mal ein wenig zeitverloren durch die Straßen und Gassen zu flanieren.

Tipp

FREILICHTMUSEUM AM KIEKEBER

Hier kann man über 40 historische Gebäude entdecken und sehen, wie unsere Vorfahren einst in der Lüneburger Heide und der Winsener Marsch von 1600 bis in die 1950er-Jahre gelebt haben (www.kiekeberg-museum.de).

FREIZEITPARK

Das Heide Park Resort ist Norddeutschlands größter Freizeitpark und bietet mit über 50 Attraktionen und Shows Abenteuer für Groß und Klein. Hunde dürfen an der Leine mit (www.heide-park.de).

MUSEUMSDORF HÖSSERINGEN

Hier wird die Geschichte der Region lebendig (www.museumsdorf-hoesseringen.de).

IM-JAICH HOTEL

Mitten in den Havenwelten liegt das Im-Jaich Hotel Bremerhaven. In den modernen Zimmern und mit dem Wasser direkt vor der Nase schläft es sich hier besonders entspannt. Den Weckruf erledigen die Möwen (www.im-jaich.de/urlaub/hotel-bremerhaven).

ÜBERNACHTEN

Mit Hund kann man in The cosy home in Hodenhagen übernachten (www.thecosyhome.de) oder in Asendorf im Hotel Zur Heidschnucke (www.zur-heidschnucke.de).

Paderborn: Idylle am Fluss Pader.
Woher der Fluss kommt und was Sie in der Urlaubsregion Teutoburger Wald erwartet, erfahren Sie auf Seite 38.

Gut zu Wissen ?

Wo gibt es die schönsten …?

Hundestrände

SEEBAD GRÖMITZ, OSTHOLSTEIN

Der wohl bekannteste Hundestrand an der Ostsee befindet sich im Seebad Grömitz. Auf insgesamt 1,7 Kilometer Strandlänge können Hunde spielen und toben. Der Grömitzer Hundestrand teilt sich in zwei Abschnitte: den Nordstrand in Höhe Schlemmerland mit Strandkörben und den Lensterstrand an der Schleuse mit Naturstrand und Dünen. Zum Nordstrand geht's problemlos über die Strandpromenade. Dort gibt es Cafés und Restaurants, die ebenfalls sehr hundefreundlich sind. Hundekotbeutelspender und eine Wasserstation zum Auffüllen des Napfs sind ebenfalls vorhanden. Für die Nutzung des Strandes muss eine Kurtaxe bezahlt werden, dafür kann man aber kostenlos in Strandnähe parken (www.groemitz.de/vierbeiner).

OSTSEEBAD LABOE, KIELER FÖRDE

Hier können Hunde auf 10 000 Quadratmetern ganz ohne Leinenzwang Löcher in den Sand buddeln, sich den Wind um die Schnauze wehen lassen und einfach nur Hund sein. Der Hundestrand liegt in der Nähe des U-Boot-Museums und des Marinedenkmals. Auch Zweibeinern wird es hier nicht langweilig, denn sie können vom Strand aus die vielen riesigen Fährschiffe und die Windsurfer beobachten. Der Strandabschnitt ist unbewacht, die Nutzung kostenfrei (www.laboe.de/hundestrand).

NESSMERSIEL, DORNUM

Der kleinste Badeort an der ostfriesischen Nordseeküste hat ordentlich was zu bieten: Unter anderem gibt es in Neßmersiel einen rund 5 000 Quadratmeter großen Bereich mit Hundestrand, der in einen Sand- und einen Grünstreifen aufgeteilt ist. Man kann sich dort auch einen der 60 Strandkörbe mieten und es sich selbst bei einer steifen Brise gemütlich machen. Aus Gründen des Naturschutzes müssen Hunde hier jedoch immer an die Leine. Was Neßmersiel jedoch für Urlauber mit Hund besonders interessant macht, ist die eingezäunte Freilaufzone und ein sehr gepflegter Agility-Park, der sich oberhalb des Hundestrandes befindet.

Pro Vierbeiner betragen die Kosten für die Nutzung des Hundestrandbereichs 1 Euro – und man bekommt auch noch gratis ein hausgebackenes Hundeleckerli dazu (Zweibeiner mit der Nordsee-ServiceCard haben freien Eintritt; ohne Kurkarte kostet der Eintritt zum Strandbereich 2,50 Euro, der Besuch des Fun-Agility-Parks ist im Eintrittspreis inbegriffen (www.dornum.de/erlebnisse/mit-hund/hundestrand).

WESTERLAND, SYLT

Die Insel Sylt ist vermutlich die berühmteste und sicherlich auch eine der hundefreundlichsten Inseln an der Nordseeküste. In Westerland stehen gleich drei Strandabschnitte für Hunde zur Verfügung, auf denen die Vierbeiner ohne Leine rennen, buddeln und sich austoben können. Besonders schön ist der Strandabschnitt im Norden. Dort befinden sich auch ausreichend Kotbeutelspender – und es ist sogar eine Trinkwasserstation vorhanden. Außerdem gibt es noch den Hundestrand Süd am Strandabschnitt Baakdeel und den Abschnitt Dijken Deel am FKK-Strand. Achtung: Für den Zugang zum Strand muss man eine Kurkarte vorweisen; so gut wie alle Parkplätze auf der Insel Sylt sind kostenpflichtig (www.insel-sylt.de/straende-auf-sylt/hundestraende-auf-sylt/).

↑ Ungehemmt toben können Hunde an etxra ausgewiesenen Hundeständen.
↖ Aus Gründen des Naturschutzes herrscht an manchen Strandabschnitten Leinenpflicht.

3 Mittendrin in Ostfriesland

Natur und Kultur der Küste entdecken

Einzigartige Landschaften, idyllische Dörfer und maritime Städte – das ostfriesische Festland ist abwechslungsreich und voller Sehenswürdigkeiten, die es zu entdecken gilt. Nur einen Katzensprung entfernt, warten die Ostfriesischen Inseln mit viel Ruhe.

Sie haben nicht verstanden, was »middenmang as blots dorbie« heißt? Das ist Plattdeutsch und bedeutet »mittendrin statt nur dabei«. Im Landstrich Ostfriesland spricht noch etwa die Hälfte der Einwohner ostfriesisches Platt. Wo man am endlosen Strand kaum Menschen begegnet, geht's in den Städten mittenrein in den Alltag der Ostfriesen.

Ostfriesische Kultur erleben

Die größte Stadt Ostfrieslands ist Emden. Die Stadt liegt direkt an der Mündung der Ems in die Nordsee. Früher war Emden in erster Linie vom lebendigen Geschehen am Hafen geprägt. Heute geht es hier etwas beschaulicher zu. Die historischen Boote kann man noch immer im Hafen bestaunen. Im Delft-Hafen ankert zum Beispiel das Museums-Feuerschiff Amrumbank/Deutsche Bucht. Zu einem Museumsbesuch darf man hier auch Hunde mitnehmen. Beim Stadtbummel erwarten einen die typisch nordischen Backsteinbauten. In den Emder Wallanlagen, der ältesten und größten Grünanlage der Stadt, kann man mit dem Vierbeiner spazieren. Auch eine Hundewiese ist hier vorhanden, auf der Ihr vierbeiniger Begleiter frei toben darf.
Leer ist bekannt für seine historische Altstadt, die durch liebevoll restaurierte Gebäude, allen voran das imposante Rathaus aus der Zeit um 1890, enge Gässchen und die Lage direkt am Wasser besticht. Kleine Läden und gemütliche Cafés laden zum Erkunden der verwinkelten Altstadt von Leer ein. Besichtigen sollten Sie bei Ihren Gassirunden unbedingt die vier »Burgen« von Leer. Bei den beiden ältesten handelt es sich eher um Steinhäuser, bei den beiden jüngeren »Burgen« um kleine pittoreske Schlösser, darunter die Evenburg, die von einem hübschen Landschaftspark umgeben ist. Dort herrscht zwar Leinenpflicht für Hunde, doch gibt es im Julianpark seit 2021 eine große Hundefreilaufwiese.

→ Im Hafen von Emden liegen auch historische Schiffe wie das Feuerschiff Amrunbank/Deutsche Bucht (rechts im Bild), das besichtigt werden kann.

EMDEN

»›Middenmang as blots dorbie‹ – mittendrin statt nur dabei!«

In Wittmund lohnt sich ein Besuch des Skulpturengartens Funnix des Künstlers Leo Wübbena. Oder Sie bummeln im Fischerdorf Carolinensiel entlang des Museumshafens, der ein beliebtes Fotomotiv ist. Ein beliebter Treffpunkt für Einheimische und Besucher ist auch der Wochenmarkt, der jeden Donnerstagvormittag von 8 bis 12.30 Uhr auf dem zentral gelegenen Marktplatz in Wittmund stattfindet.
Die Stadt Norden samt Stadtteil und Badeort Norddeich liegt im Nordwesten Ostfriesland direkt an der Küste. Norden ist die älteste Stadt der Region. Davon zeugt die mittelalterliche Ludgerikirche mit dem frei stehenden Glockenturm. Die stattlichen Bürgerhäuser sorgen für einen maritimen Flair. Der großzügige Norder Marktplatz ist übrigens einer der größten baumbestandenen Marktplätze in Europa. Was aber wäre ein Besuch in Ostfriesland ohne einen Ostfriesentee? Faszinierende Einblicke in die Kultur des Teetrinkens erhalten Sie im Ostfriesischen Teemuseum in Norden. Hier gibt es allerhand Infos zu Anbau, Ernte und Verarbeitung des Tees, aber auch zur gesellschaftlichen Bedeutung des Teetrinkens. Das Museum ist ganzjährig geöffnet (Öffnungszeiten und weitere Infos unter www.teemuseum.de).
Brave Vierbeiner sind hier gern gesehene Gäste.

↖ Auf den Dünen am Hundestrand von Norddeich
← Die Evenburg in Leer, die von einem breiten Wassergraben umgeben ist, geht auf einen Bau aus dem 17. Jahrhundert zurück und wurde im 19. Jahrhundert im neogotischen Stil umgebaut. Heute dient sie als Ort für Events und Ausstellungen.

In Norddeich dreht sich alles um das Meer. Hier gibt es auch einen ausgewiesenen Hundestrand, wo sich Hunde austoben können. Die Norddeich Mole ist durch die Fähranleger nach Juist und Norderney vielen ein Begriff. Hier startet man mit der Fähre ins ostfriesische Inselabenteuer.

Inselparadies Juist

Juist verspricht vor allem eines: Strand ohne Ende. Hier gibt es kilometerlange unverbaute Sandstrände auf einer Insel, die gerade einmal 17 Kilometer lang und lediglich 500 Meter breit ist. Von den Bewohnern wird Juist Töwerland (Zauberland) genannt, und ohne Zweifel hat die Insel einen ganz besonderen Charme. Juist ist ein Ort der Ruhe. Mit wenigen Ausnahmen ist die kleine Insel autofrei, und so stören weder Autolärm noch -abgase die Urlaubsgäste. Während andere ostfriesische Inseln beliebte Tagesausflugsziele sind, ist Juist eher ein Ziel für mehrere entspannende Tage. Die Fähren fahren wegen der Tide seltener, was der Ruhe zugutekommt. Wer Lust auf Natur pur und Erholung fernab vom Alltagsstress hat, für den ist dieser Ort goldrichtig. Das Wattenmeer ist als Nationalpark geschützt. Deshalb gibt es ein paar Regeln, die man mit Vierbeinern beachten muss. Grundsätzlich sind Hunde vom 1. März bis 15. November und vom 20. Dezember bis 15. Januar an der Leine zu führen. Von Mitte April bis Mitte Oktober ist der Hauptbadestrand

Tipp

KRIMI-CACHING IN NORDEN

In Norddeich gibt es die sogenannte Krimiküste für kriminalistischen Rätselspaß. Zum Krimicaching brauchen Sie nur ein Smartphone, mit dem Sie an den Stationen die QR-Codes einlesen. An den Stationen gibt es ein Kapitel aus dem Hörbuch des ostfriesischen Kriminalautors Klaus-Peter Wolf.

Tipp

ZOOLOGISCHE GÄRTEN

Zwei Tierparks gibt es in der Region. Hier dürfen Hunde an der Leine mitgeführt werden: den Haustierpark Werdum und Birgit's Tiergarten in Rechtsupweg. Der erste Park konzentriert sich auf Nutztierarten, in Letzterem kann man auch Exoten sehen (www.haustierpark-werdum.de; www.birgits-tiergarten.de).

»Auf Borkum gibt es ein Qualitätsprodukt kostenlos: Luft zum Atmen.«

für Hunde nicht zugänglich, jedoch kann man in dieser Zeit die Hundestrände Ost und West nutzen. Achtung: An beweideten Deichabschnitten dürfen Hunde auch an der Leine nicht mitgeführt werden.

Insel-Hopping mit Hund

Borkum ist die westlichste und mit rund 31 Quadratkilometern die größte der Ostfriesischen Inseln. Wer hierher reisen will, nimmt ab Emden oder Eemshaven die Fähre. Auf Fähre und Katamaran sind Hunde erlaubt, doch müssen die Tickets vorab reserviert werden. Bei der rund zweistündigen Überfahrt von Emden aus kann man sich schon einmal auf den Inselrhythmus einstimmen. Angekommen wartet am Fährhafen die Inselbahn. Auch hier ist das Mitführen von Hunden problemlos. Sie merken: Borkum kann man mit Hund entspannt besuchen. Auf der Insel gibt es ein Qualitätsprodukt kostenlos: Luft zum Atmen, denn das Hochseeklima sorgt für heilklimatische Frischluft. Und so zieht es viele Allergiker hierher. Früher war Borkum ein Ort der Walfänger, deren Häuser aus dem 18. und 19. Jahrhundert noch stehen. Heute garantiert die Insel einen urgemütlichen Urlaub. Wer sich gegen Abend im Musikpavillon an der Promenade einfindet, kann an sonnigen Tagen, begleitet von musikalischer Untermalung, sensationelle Sonnenuntergänge erleben. Für Vierbeiner gibt es am Nord-, Süd- und FKK-Strand drei ausgewiesene Strände. In der Brut- und Setzzeit von 1. April bis 15. Juli gilt auf der Insel grundsätzlich Leinenpflicht. Außerhalb dieser Zeit dürfen Fellnasen am Schwarzen Deich und ab dem FKK-Strandabgang Richtung Hooge Hörn frei laufen. In der Touristeninformation und auf der Internetseite des Nationalpark Wattenmeers finden Sie weitere Tipps für einen Urlaub mit Hund.

↗ Windmühlen in Ostfriesland: Einst besaß jedes Dorf eine Wind- oder Wassermühle. Heute gibt es in der Region noch rund 90 Mühlen.
← Die Insel Borkum bietet ideale Voraussetzungen für einen entspannten Urlaub mit dem Hund.

Tipp

FAMILIEN
Im Erlebnispark Norddeich gibt es einen Abenteuer-Golfpark, einen Rätsel-Irrgarten und das Märchenschiff – ein Erzähltheater bei Kerzenschein (www.erlebnispark-norddeich.de).

LANDLEBEN
Im Ostfriesischen Landwirtschaftsmuseum in Krummhörn erfahren Sie alles über die technische Revolution in der Landwirtschaft von 1850 bis 1950. In die Ausstellungsgebäude dürfen auch Vierbeiner (www.olmc.de).

NATIONALPARK
Hundestrände gibt es u. a. in Neßmersiel, Carolinensiel, Hooksiel und Emden. Hundehalter müssen im Nationalpark Wattenmeer einige Regel beachten. Infos finden Sie auf dem Flyer »Mit dem Hund im Nationalpark« (siehe: www.nationalpark-wattenmeer.de).

ÜBERNACHTEN MIT HUND
Hundefreundlich eingestellt ist das Haus Friesenstern in Greetsiel (www.friesenstern-greetsiel.de). Die Lütetsburg Lodges unweit der Wattenmeerküste mit unterschiedlichen Ferienwohnungen erlauben Hunde in der »Alten Pförtnerwohnung« in Schloss Lütetsburg und in »Bummert Een« (Landarbeiterhaus); es wird hier eine Haustierpauschale fällig (www.luetetsburg-lodges.de).

4 Wandern im Teutoburger Wald

Unterwegs im »Heilgarten« Deutschlands

Das Mittelgebirge gilt seiner Heilbäder und Kurorte wegen als »Heilgarten« Deutschlands. Auch seine Wandergebiete und Sehenswürdigkeiten wie die geheimnisumwobenen Externsteine sind eine Reise wert. Das Hermannsdenkmal ist das Wahrzeichen der Region – und eines der beliebtesten Ausflugsziele der Deutschen.

Sie kennen den Teutoburger Wald nur aus dem Geschichtsunterricht? Bekannt ist er natürlich für die Varusschlacht, die im Teutoburger Wald im Jahr 9 n. Chr. zwischen Römern und Germanen stattfand. An dieses Ereignis erinnert unweit von Detmold noch heute das Hermannsdenkmal – die mit 53 Metern höchste Statue Deutschlands.
Das Monument zeigt den Cheruskerfürsten Arminius, der die Römer in der Schlacht besiegte. Mittlerweile sind sich Historiker jedoch sicher, dass die bedeutende Schlacht nicht hier, sondern eher im nördlicheren Wiehengebirge zu verorten ist. Dem Ausblick vom Hermannsdenkmal in den Teutoburger Wald tut das jedoch keinen Abbruch.
Der Teutoburger Wald hat für Zwei- und Vierbeiner aber noch viel mehr zu bieten. Mitten durch Bielefeld verläuft der 156 Kilometer lange Hermannsweg, der über den Kamm des Teutoburger Waldes führt. Er gilt als einer der schönsten Höhenwege Deutschlands. Überzeugen Sie sich am besten selbst davon! Auf idyllischen Pfaden geht es vorbei an bizarren Steinformationen, durch dichte Wälder und historische Städte. Dass hier im Wald zwei Klimazonen aufeinandertreffen, zeigt sich in der speziellen Pflanzenvielfalt. Halten Sie hier Ausschau nach Stechplamen, Orchideen, Wacholder oder nach der »Blauen Blume von Blankenrode«, die weltweit nur hier in den Bleikuhlen Blankenrode vorkommt.
Ein schönes Ausflugsziel ist der Tierpark Olderdissen bei Bielefeld, den auch Hunde an der Leine gern mitbesuchen dürfen. Der Tierpark liegt im Herzen des Teutoburger Waldes und ist ein Zuhause für selten gewordene einheimische Arten wie Fischotter, Gämse, Wolf oder Luchs. Beim Spaziergang im Gelände kann man die Tiere erspähen.
Die über Bielefeld emporragende mittelalterliche Sparrenburg ist das Wahrzeichen der Stadt. Von der Bielefelder Altstadt aus sind es gerade mal fünf Gehminuten bis zur Burg – ein Katzensprung, der sich nicht nur wegen der Aussicht auf Stadt und Land vom 180 Meter hohen Sparrenberg lohnt.

→ Ein Highlight der Region sind die berühmten Externsteine bei Horn-Bad Meinberg. Die Sandsteinfelsen geben noch immer Rätsel auf.

Tipp

MODELLEISENBAHN

In der Bad Driburger Modellbundesbahn fahren die Züge wie ihre realen Vorbilder durch täuschend echt wirkende Miniaturlandschaften. Auch wenn Zweibeiner die Anlage wohl interessanter als ihre Vierbeiner finden, so sind Hunde hier dennoch willkommen (www.modellbundesbahn.de).

Eindrucksvolle Natur erleben

Schon mal in einem Naturpalast gestanden? Das Weidenpalais im Nethetal ist ein lebendiges Bauwerk aus Hunderten von ineinandergeflochtenen Weidenruten und Bestandteil der »Erlesenen Natur«, eines von 18 Erlebnisgebieten im Kulturland Kreis Höxter. Das etwa zehn Meter hohe Weidengeflecht liegt direkt am Park von Schloss Rheder und am Ufer des Flüsschens Nethe. Zwei Spazierwege erschließen den Landschaftspark um das Schloss – der Pfad »Wasserwelten« und der Pfad »Waldwelten«.

In Minden findet man einerseits Entspannung am Wasser, aber auch im Grünen, wie zum Beispiel auf dem Weser-Bastau-Weg, einer etwa 2,5 Kilometer langen Tour, die auch mit Hund leicht zu bewältigen ist. Etwas weiter südlich, im Stadtzentrum, inmitten von reizvollen Grünanlagen, entspringen die 200 Quellen der Pader, die der Stadt Paderborn ihren Namen gaben. Folgt man dem Flusslauf der Pader, erreicht man schon nach vier Kilometern die Residenz Schloss Neuhaus, einen Prachtbau der Weserrenaissance mit Barockgarten und ausgedehnten Parkanlagen – ein idealer Ausgangspunkt für Radtouren in die Umgebung. Hunde an der Leine sind natürlich mit von der Partie.

»Die Externsteine – das ›Stonehenge des Teutoburger Waldes‹«

Die geheimnisvollen Externsteine

Ein Highlight im wahrsten Sinne des Wortes erwartet Sie bei Horn-Bad Meinberg, rund zehn Kilometer vom Hermannsdenkmal entfernt: Die eindrucksvolle Felsformation der Externsteine zählt zu den bemerkenswertesten Natur- und Kulturdenkmälern Mitteleuropas. Zahllose Mythen ranken sich um die etwa 70 bis 100 Millionen Jahre alten Sandsteinfelsen. Manche nennen sie auch das »Stonehenge des

↗ Das Hermannsdenkmal in Detmold erinnert an die legendäre Schlacht im Teutoburger Wald, in der der Cherusker Arminius (Hermann) die Römer besiegte.
← Die trutzige mittelalterliche Wehranlage der Sparrenburg ist Bielefelds Wahrzeichen.

Teutoburger Waldes« und sprechen den 13 senkrecht und fast 50 Meter hoch aus dem Boden aufragenden Felsen sogar magische Wirkung zu. Die ganze Portion Spiritualität kann man in der Nacht zum 21. Juni erleben. Dann besuchen jedes Jahr Menschenmassen den Kultort, um die Sommersonnenwende zu feiern.

Ob nun magisch oder nicht: Die Felsen sind faszinierend – und man muss sie einfach mit eigenen Augen sehen! Das Gelände rund um die Felsen ist kostenfrei begehbar. Durch die steilen und schmalen Treppen ist der Weg hinauf auf die Externsteine für Hunde nicht erlaubt. Doch auch der Anblick von unten ist atemberaubend.

Tipp

AQUA MAGICA

Im Landschafts- und Kulturpark Aqua Magica in Bad Oyenhausen mit seinem Wasserkrater und einer begehbaren unterirdischen Brunnenskulptur werden die heilenden Solequellen als Schatz der Region sichtbar und erlebbar. Hunde sind hier an der Leine erlaubt – ausgenommen auf dem Spielplatz (www.aquamagica.de).

HEILGARTEN

Für Allergiker bietet sich der Besuch der Gradierwerke in Bad Salzuflen an. Hier sorgt die Sole beim Hinabrieseln durch die dichten Schwarzdornwände für ein heilsames Küstenklima, das Bronchialerkrankungen lindert und das Immunsystem stärkt (www.staatsbad-salzuflen.de/a-gradierwerke-in-bad-salzuflen).

ÜBERNACHTEN

Hunde dürfen in der Kurvilla Fürstin Pauline in Bad Salzuflen kostenlos übernachten (www.kurvilla.de). In der Ferienwohnung Haus Kress in Höxter sind Hunde nach Absprache erlaubt (www.haus-kress-hoexter.de). Das Landhaus Blumengarten in Horn-Bad Meinberg ist ein ausgewiesenes Hundehotel (www.landhaus-blumengarten.com).

So reist Ihr Hund sicher im Auto

Tipps vom ADAC

Umfragen zufolge verreisen etwa 80 Prozent der Hundehalter und Hundehalterinnen mit dem Auto. Kein Wunder, ist man doch maximal flexibel, was die Reiseroute, das Tempo und Zwischenstopps angeht. Wir haben ADAC-Expertin Katja Lerner gefragt, was man beachten sollte, um mit dem Hund sicher im Auto unterwegs zu sein.

Drei Transportplätze im Auto gibt es für Hunde – im Kofferraum, im Fußraum oder auf der Rückbank. »Der Hund gehört auf keinen Fall auf den Beifahrersitz oder auf den Schoß«, mahnt Katja Lerner. »Das Tier sollte in einer Transportbox mit einem Trenngitter oder einem Gurt gesichert werden, um bei einem Unfall Schäden für Tier und Insassen zu vermeiden«, erklärt die ADAC-Expertin. Hundehalter und Hundehalterinnen sind dazu rechtlich verpflichtet, und bei Nichtbeachten wird ein Bußgeld fällig. Offiziell gelten Hunde als Ladung und müssen entsprechend gegen Verrutschen, Hin- und Herrollen sowie Herabfallen gesichert werden. Hier schlampig zu sein, kann teuer werden.

Für den Transport im Kofferraum ist ein Schutzgitter zwischen Kofferraum und Rückbank notwendig, sonst besteht Gefahr, dass der Hund bei einem Bremsmanöver durch den Innenraum fliegt und sich und andere Mitfahrende verletzt. Eine Option ist eine Transportbox, wobei die Varianten aus Metall laut ADAC-Test im Falle eines Unfalls besser abschneiden als die Boxen aus Kunststoff. Die Box wird in den Kofferraum gestellt, wo sie dem Hund zusätzlichen Schutz bietet. Damit sie beim Bremsen nicht verrutscht oder umkippt, muss sie unbedingt durch Gurte gesichert werden! Alternativ kann man die Box im Fußraum unterbringen. Katja Lerner weist darauf hin, dass die Größe der Box entscheidend ist: »Ist sie zu groß, erhöht sich das Verletzungsrisiko für das Tier, da es unkontrolliert herumgeschleudert werden kann.« Die Box also lieber eine Nummer kleiner kaufen. Der Hund sollte darin ausreichend Platz zum Liegen haben, aber keinen Raum, um sich hin- und herbewegen zu können.

Rücksitzbarrieren oder Schutzdecken sind für den autoschonenden Transport praktisch, als alleiniges Sicherungsmittel aber nicht ausreichend.

Ein Autogeschirr für den Hund ist die Alternative zur Transportbox. Beim Kauf sollte man auf vollvernähte Ösen und stabile Haken aus Stahl oder Aluminium achten. Mittlerweile gibt es Gurtsysteme, die über das Isofix-System mit dem Fahrzeug verbunden werden und verhindern, dass der Hund nach vorn oder zur Seite geschleudert werden kann.

Zugluft vermeiden und Pausen einlegen: Auch wenn Fahrtwind Freiheit ist, warnt Katja Lerner vor Fahrten mit geöffnetem Fenster: »Die Folge können Augenentzündungen sein. Stellen Sie die Klimaanlage lieber auf eine angenehme Temperatur ein.« Alle zwei Stunden sollte man eine Futter- und Wasserpause planen und eine Runde drehen. Dann kann man das Reisen in vollen Zügen genießen.

↑ Empfehlenswert für größere Hunde sind Trenn- und Schutzgitter für den Transport im Kofferraum.
↖ Ladungssicherung: Die Kunststoffbox für den Transport des Hundes muss im Auto zusätzlich mit Gurten gesichert werden.

Eine der geschichtsträchtigsten Burgen Deutschlands – die Wartburg in Thüringen (siehe auch S. 82)

Osten

Abenteuer auf Gewässern und im Gebirge

5 Nostalgisches Inselglück auf Usedom

Kaiserbäder, Inselwald und Räucherfisch

Zwischen Ostseeküste, Achterwasser und Peenestrom liegt die Insel Usedom. Nach Rügen ist sie die zweitgrößte Insel Deutschlands. Der überwiegende Teil Usedoms gehört zu Mecklenburg-Vorpommern, der kleinere Ostzipfel mit der Halbinsel Wolin zu Polen.

Die Hauptsehenswürdigkeit auf Usedom ist für die meisten Besucher und Besucherinnen der 40 Kilometer lange Sandstrand. Im Sommer lockt die Insel mit rund 2000 Sonnenstunden. Dann verwandelt sich die Insel in ein echtes Urlaubsparadies mit Eis am Stiel und Sandburgen. Auch wenn es sonnig ist, steigen die Temperaturen selten in extreme Bereiche – perfekt für Ihren Hund. Während der größte Teil der Strände im Sommer, zumindest tagsüber, den Menschen vorbehalten bleibt, dürfen vom 1. Oktober bis 30. April auch Hunde zum Toben und Wandern an alle Strände mitgenommen werden. In der Regel gilt hier jedoch Leinenpflicht. Für Vierbeiner gibt es ausgewiesene Hundestrände in Pennemünde, in Trassenheide am Campingplatz »Ostseeblick«, in Ückeritz und Zempin oder auch in Zinnowitz. Hier stört sich keiner an den tierischen Begleitern, auch wenn sie meist an der Leine bleiben müssen. Am besten informiert man sich vorab, ob Leinenpflicht besteht!

Gerade in der kälteren Jahreszeit, wenn die Strände fast menschenleer sind, ist ein Besuch mit Hund auf Usedom reizvoll. Draußen aktiv sein, und dann drinnen gemütlich entspannen – so kann man es sich auf der Insel wohl ergehen lassen. Hinter den endlosen Sandstränden, an denen stets ein frischer Wind weht, liegen Buchen- und Kiefern-Mischwälder, die zu Spaziergängen ebenso einladen wie zu ausgiebigen Touren mit dem Fahrrad. Hierzu steht ein rund 200 Kilometer langes Radwegenetz zur Verfügung. Viele der Fahrradverleiher vermieten auch Anhänger für Vierbeiner, damit Fellnasen nicht aus der Puste kommen.

Da das Wetter auf der Insel selbst im Winter eher mild ist, sind keine Schneemassen zu erwarten – und mit der richtigen Bekleidung sind Wanderun-

→ Auf zum Baden! Auf Usedom gibt es wunderschöne Strände und Plätzchen zum Entspannen.

»Vom kleinen Fischerdorf zum sogenannten Nizza des Ostens«

gen und Radtouren auch in der kalten Jahreszeit wunderbar. Auf der Insel gibt es zudem einen ganz besonderen Wald, der sich Europas erster Heilwald nennen darf. Der Kur- und Heilwald in Heringsdorf ist ein Ort der Meditation und Bewegung. Beim sogenannten Waldbaden kann man sich ganz auf die Sinne konzentrieren und zwischen Buchen und Kiefern Therapiegeräte, Kletterparcours und malerische Ruheplätze nutzen. Auch Ihr Hund ist hier im Heilwald herzlich willkommen.

Unterwegs im »Nizza des Ostens«

Für Liebhaber prunkvoller Villen und nostalgischer Architektur ist eine kleine Sightseeingtour durch die Kaiserbäder Bansin, Heringsdorf und Ahlbeck zu empfehlen. Die Bauten in diesen Orten werden unter dem Begriff Bäderarchitektur vereint und sind weltweit einzigartig in ihrer Fülle und Vielfalt. Erker, Freitreppen, kleine Balkone und Stuckdekor zeugen vom Geschmack ihrer betuchten Bauherren, die sich ihre Sommerresidenzen Ende des 19. und zu Beginn des 20. Jahrhunderts errichten ließen. Das Ostseebad Heringsdorf etwa entwickelte sich vom kleinen Fischerdorf zum sogenannten Nizza des Ostens. Hier verkehrte nicht nur die kaiserliche Familie, auch das gut wohlhabende Bürgertum und die Boheme kamen zur Sommerfrische hierher. Darunter so bekannte Namen wie Maxim Gorki, Leo Tolstoi und Theodor Fontane. Die Seebrücken in den Seebädern sind einen Besuch wert. In Heringsdorf können Sie auf der mit 508 Metern längsten Seebrücke spazieren oder mit Blick aufs Wasser essen und trinken. Idyllische Plätze gibt es auch auf der Halbinsel Lieper Winkel, wo sich die älteste Kirche der Insel und das alte Fischerdorf Warthe befinden. Im Hafen von Rankwitz stehen viele reet- bzw. rohrgedeckte Häuser, darunter einige historische Fischerhäuser. Gegen Mittag sollte man »Zur alten Fischräucherei« gehen, wo es hervorragenden Fisch gibt, denn der Rankwitzer Hafen ist berühmt für seinen Räucherfisch. Unbedingt probieren! Interessant ist auch die Inselkäserei in Welzin, wo Sie ruhig schon mal einen Happen kosten sollten, um dann gestärkt am Stettiner Haff eine Gassirunde drehen zu können. Auch das Wasserschloss Mellethin von 1575 mitten im Naturpark der Insel Usedom ist sehenswert. Hier kann man Kaffee trinken, Waffeln

↗ Die Seebrücke im Osteebad Ahlbeck
← Gepflegte Fassaden im eleganten Stil der Bäderarchitektur prägen auch das kleine Ostseebad Bansin, in dem einst illustre Gäste Sommerfrische machten.

essen und anschließend der Keramikmanufaktur von Susi Erler, die am Ortseingang von Mellethin liegt, einen Besuch abstatten. Hier kann man sich ein Bild von der traditionellen Pommerschen Keramik verschaffen und ein besonders schönes Stück mit nach Hause nehmen.

Tipp

BALTIC LIGHTS

Jedes Jahr im Winter findet das nördlichste Schlittenhunderennen Deutschlands auf Usedom statt. Freitagabend gibt es Livemusik, am Samstag Rennen mit internationalen Musher-Teams sowie ein Promi-Rennen zugunsten der Welthungerhilfe. Start- und Zielpunkt der spannenden Wettkämpfe ist im Kaiserbad Heringsdorf (www.balticlights.de).

WOLGASTSEE

Der See lässt sich bei einer kleinen Wanderung in rund einer Stunde entspannt umrunden. Im Wolgastsee darf auch Ihr Vierbeiner baden.

GRENZGANG

Wer mit dem Hund auf den polnischen Teil Usedoms reisen möchte, braucht einen EU-Heimtierausweis und einen Maulkorb.

ÜBERNACHTEN

In der Villa Hamburg und im Haus Blankenese im Seebad Ahlbeck (www.csi-usedom.de) sowie in der Villa Dorothea in Heringsdorf (www.villa-dorothea.de) sind Sie und Ihr Vierbeiner willkommen. Auch die Hotelgruppe SEETEL-HOTEL in Ahlbeck bietet hundefreundliche Hotels, Villen und Residenzen für den Urlaub auf Usedom an (www.seetel.de).

CONSUL 7
Kleinzerlang

6 Mecklenburgische Seenplatte

Reiseziel für Wasserratten

Wasser, so weit das Auge reicht! Die Mecklenburgische Seenplatte nennt sich nicht ohne Grund »Land der tausend Seen«. Die Müritz ist der größte See innerhalb dieser Seenlandschaft und umgeben von vielen weiteren Seen, die durch Wasserwege miteinander verbunden sind.

Die schönen Städte der Mecklenburgischen Seenlandschaft sind geprägt vom Wasser. Sie liegen reizvoll direkt an den Ufern der Seen und verbinden Kultur und Natur dieser wasserreichen Region. Entlang der hübschen Uferpromenaden kann man mit dem Hund gemütlich spazieren oder sich an heißen Sommertagen an den zahlreichen Badestellen, die auch für Hunde zugelassen sind, ins kühle Nass stützen. Am Wasser hat man von der ersten Sekunde an ein Urlaubsfeeling. Schwerin, die Landeshauptstadt Mecklenburg-Vorpommerns, punktet vor allem mit dem prunkvollen Schloss: Gelegen auf der Schlossinsel, die man über eine Brücke erreicht, wird es gern als »Neuschwanstein des Nordens« bezeichnet. Schloss Schwerin ist das Wahrzeichen der Stadt und zählt zu den bedeutendsten Bauwerken des Historismus in Europa.

← Volle Fahrt voraus über den Großen Pälitzsee: Mit einem Hausboot kann man entspannt über die Seen der Mecklenburgischen Seenplatte tuckern.

Heute befindet sich im Schloss der Landtag von Mecklenburg-Vorpommern. Die romantischen Schloss- und Burggärten kann man mit dem Hund an der Leine erkunden. Von hier aus gelangt man in wenigen Gehminuten in die mittelalterliche Altstadt, die zum Flanieren einlädt.

Zu den schönsten Orten der Meckelnburgischen Seenplatte gehört der Luftkurort Plau am See, etwa 70 Kilometer von der Landeshauptstadt Schwerin entfernt. Besonders idyllisch ist in Plau der Blick auf die Fischer- und Flößerstadt von der Promenade entlang der Elde. Und wer eine ausgedehnte Gassirunde drehen möchte, nimmt den Rundweg »Spur der Zaubersteine«, der auf einer Länge von zehn Kilometern durch den Stadtwald und zu Plaus schönsten Plätzen an der Seeluster Bucht führt.

Apropos Wandern: Richtig viel Natur kann man im Müritz-Nationalpark erleben. Der Park bietet über 600 Kilometer Wanderwege und ein großes Angebot an abwechslungsreichen Touren, auf denen auch Hunde an der Leine mit von der Partie sind (www.mueritz-nationalpark.de).

Tipp

AGRONEUM

Besichtigen Sie mit Ihrem Hund in Alt-Schwerin die fast vollständig erhaltene Anlage eines ritterschaftlichen Gutshofs. Hier informiert eine interessante Ausstellung über 5 000 Jahre mecklenburgische Landwirtschaftsgeschichte. (www.agroneum-altschwerin.de).

»Wo sich die Natur nach Lust und Laune ausbreiten darf«

Unterwegs auf, am und im Wasser

Der Nationalpark an der Müritz ist der größte abseits der Küsten. Seltene Großvögel wie die Rohrdommel und der Kranich sind typisch für die weite, wald- und wasserreiche Landschaft. Seit 1990 steht die Landschaft als Nationalpark unter Schutz. Seitdem darf sich die Natur im Müritz-Nationalpark nach Lust und Laune ausbreiten. Seit 2011 gehört auch der alte Buchenwald im Teilgebiet Serrahn zum UNESCO-Weltnaturerbe. Das Naturerlebniszentrum Müritzeum in Waren liefert Wissen rund um die Natur an der Müritz mit ihren Wald-, Moor- und Wasserwelten – und das auf kurzweilige Art. Das Highlight des Museums ist das sich über zwei Etagen erstreckende Moränenbecken. Im »Haus der 1000 Seen« befindet sich unter anderem das größte Süßwasseraquarium für heimische Fische in Deutschland. Im Museum sind auch Hunde zugelassen. Für sie beträgt der Eintrittspreis 4 Euro.

Das weitläufige Außengelände im Naturerlebniszentrum ist ideal für Vierbeiner geeignet.
Wen das Wasser lockt, der kann die Müritz mit einem geliehenen SUP erkunden. Ist ihr Hund seetauglich? Dann packen Sie ihn doch mit auf das Board. Wer den ganzen Urlaub auf dem Wasser verbringen will, mietet ein Hausboot, schippert damit in den Sonnenuntergang und wacht am Morgen mit dem Zwitschern der Vögel zum Sonnenaufgang auf. Ein paar Tage auf dem Hausboot fühlen sich ganz schnell an wie zwei Wochen Urlaub.
Der Vorteil am Urlaubsziel Mecklenburgische Seenplatte ist, dass hier auch Bootsneulinge ohne Führerschein aufs Wasser können. Ohne Schleusen bietet sich die Müritz als ideales Revier für den Einstieg ins Kapitänsdasein an. (Buchen kann man Hausboote z. B. unter www.kuhnle-tours.de/hausboot-urlaub/boot-hund).
Und für alle, die lieber auf dem Trocknen bleiben wollen, lockt ein Ausflug ins Nebeltal. Die Strecke führt an sprudelnden Wasserläufen entlang durch ein wildromantisches Tal und an mit Schilf bewachsenen Weihern vorbei. Beginnen Sie Ihren Ausflug im Ort Kuchelmiß und folgen Sie von dort den Hinweisschildern weiter in das Tal hinein. Bei Ihrer Wanderung entlang der Nebel können Sie eine Wassermühle besichtigen, eine alte Backsteinkirche bewundern und prähistorische Hügelgräber entdecken. Sie merken: Für die Mecklenburgische Seenplatte lohnt es sich, ein paar mehr Tage einzuplanen.

↑ Dieser Pitbull-Terrier in Schwimmweste scheint sich auf dem SUP wohlzufühlen.
↙ Blick auf Waren an der Müritz: Das Soleheilbad an der Mecklenburgischen Seenplatte ist nicht nur als Kurort beliebt, sondern auch als Feriendomizil.

Tipp

FLÖSSEREI
Beim Floßverleih TreibGuT kann man komplett ausgestattete Flöße zum Schippern und zum Übernachten mieten. Hunde dürfen mit an Bord. Packen Sie eine Schwimmweste für Ihren Hund ein (www.flossverleih-treibgut.de).

INSELSTADT
Malchow hat mit dem Blütengarten und dem Engelschen Garten zwei wunderbare Ruheoasen.

IVENACKER EICHEN
Wandern Sie mit Ihrem Hund im Schatten der 1000-jährigen Eichen durch den Ivenacker Tiergarten. Diese gewaltigen Bäume sind vermutlich die ältesten und größten ihrer Art in ganz Mitteleuropa und das erste Nationale Naturmonument Deutschlands. Der 620 Meter lange Baumkronenpfad führt zu einem 40 Meter hohen Aussichtsturm mit Blick auf den Ivenacker See (www.wald-mv.de).

WEITERE INFOS
www.mecklenburgische-seenplatte.de

ÜBERNACHTEN
Als Tipp für die Übernachtung mit Hund empfehlen wir das haustierfreundliche Sonnenhotel Feldberg am See in 1758 Feldberg (www.sonnenhotels.de), das Seehotel Heidenhof in 17094 Klein Nemerow (www.seehotel-heidehof.de) oder Amys Wohlfühlvilla in 17237 Userin (www.villa-mv.de).

Mit der historischen Brockenbahn geht es von Wernigerode aus mit Tempo 40 hinauf auf den Brocken.

Wo gibt es die schönsten ...?

Abenteuer mit Hund

DOG-NORRIS-SURVIVAL-TOUR MIT HUND

Schleswig-Holstein: Ziemlich spannend wird's auf einer gemeinsamen Survival-Tour. Mit einer erfahrenen Hundetrainerin und einem echten Survival-Experten, der auch den US-amerikanisch-irischen Musiker und Unternehmer Joey Kelly auf seine Survival-Events vorbereitet, geht es ab in den Wald. Die Teilnehmer und Teilnehmerinnen lernen beispielsweise, wie man sich anhand von Sonne, Mond und Sternen orientiert, welches Wasser genießbar ist, wie man ein windgeschütztes Lager baut und wie man welche Heilkräuter für Mensch und Hund einsetzen kann (www.taffe-toelen.de).

AUF ZWEI RÄDERN UND VIER PFOTEN

Mecklenburgische Seenplatte: Sie wollen im Urlaub in die Pedale treten? Auf einer Radreise durch die Mecklenburgische Seenplatte sind kaum Steigungen zu bewältigen, und die Tagesetappen können flexibel gestaltet werden. Natürlich gibt es zahlreiche Bademöglichkeiten für Zwei- und Vierbeiner. Unerlässlich ist ein Fahrradanhänger, damit sich der Hund auch mal ausruhen kann. Außerdem sollte man regelmäßige Pausen zum Schnüffeln, Spielen oder einfach nur Ausruhen einplanen (www.radreisen-mecklenburg.de).

AUF DEM RÜCKEN DER PFERDE ...

Südharz: Es ist wahr: Das Glück der Erde findet man auf dem Rücken eines Pferdes. Dem würden auf jeden Fall alle passionierten Reiter und Reiterinnen sofort zustimmen. Warum also nicht auch im Urlaub die Hundeliebe mit der Liebe zum Pferd verbinden? Auf dem familiengeführten Reiterhof Gut Drebsdorf im Südharz ist das möglich. Hunde sind in der Reit- und Ferienanlage herzlich willkommen. Man kann am Reitunterricht teilnehmen, mit einem gemieteten Pferd ausreiten oder das eigene Pferd mitbringen und mit Pferd und Hund gemeinsam die herrliche Karstlandschaft des Südharzes auskundschaften (www.gut-drebsdorf.de).

TRAININGSFERIEN MIT HUND

Schwarzwald: Die endlosen Wälder des Schwarzwalds genießen und dabei mit dem Verbeiner trainieren? Das geht im Forsthaus Mittellangenbach. Bei einer ausgebildeten und zertifizierten Hundeverhaltenstrainerin gibt es verschiedene Trainingspakete. Entspannt und fokussiert arbeitet man im Einzeltraining gemeinsam mit seinem Vierbeiner beispielsweise an Themen wie Leinenführigkeit, Rückruftraining oder anderen Themen. Zusätzlich sind Hunde-Erlebnis- und -Wanderwochen im Programm (www.forsthaus-mittellangenbach.com).

SPORT UND WELLNESS

Bayerischer Wald: Das Landhotel Haus Waldeck in Philippsreuth bei Freyung hat sich ganz auf Hunde eingestellt. Direkt am Haus verlaufen schöne Spazier- und Wanderwege durch das größte zusammenhängende Waldgebiet in Mitteleuropa, die auch an hundefreundlichen Berghütten vorbeiführen. Auf dem Programm des Hauses stehen gemeinsame Hundewanderungen sowie verschiedene Trainings für Hunde. Ein Badeteich für Hunde und eine Hundeauslaufwiese sind vorhanden. Außerdem gibt es eine Trainings-Hundehalle mit Agility-Parcours, und bei der Massage für Mensch und Tier ist Entspannung angesagt (www.haus-waldeck-koch.de).

↑ Urlaub mit Pferd und Hund
↖ Ihren Bewegungsdrang können aktive Hunde auf Agility-Parcours in Haus Waldeck ausleben.

7 Sagenhafter Harz

Brockenbahn und Hexen-Stieg

Nicht nur Freunde von Märchen und Sagen, fliegenden Hexen und tanzenden Teufeln kommen hier auf ihre Kosten – im Harz gibt es viel zu erleben. Wir sagen Ihnen, wo Sie mit Hund die schönsten Wanderungen, ein bisschen Nervenkitzel und Nostalgie finden.

Hätten Sie gedacht, dass im Harz so viele Superlative zu finden sind? Das weltweit größte vorindustrielle Energieversorgungssystem, die Oberharzer Wasserwirtschaft, die seit 2010 zum UNESCO-Weltkulturerbe gehört, der weltweit größte Kräuterpark – und die längste Hängebrücke der Welt. Letzgenannter Rekord wurde 2022 von einer Hängebrücke in Tschechien übertroffen, was das Erlebnis im Harz allerdings nicht im Geringsten schmälert. Warten Sie nur ab, bis Sie selbst auf der wackeligen Konstruktion stehen … Die »Titan RT« im Rappbodetal war bei ihrer Eröffnung im Jahr 2017 mit 458,5 Metern die bis dahin weltweit längste Hängeseilbrücke. Echter Nervenkitzel in rund 100 Meter Höhe! Das Mitbringen von Hunden ist erlaubt, aber man sollte Hundeschuhe für den Hund dabeihaben, denn der Laufsteg ist ein harter Gitterrost. Nun heißt es »Augen zu und durch«. Doch man hat sich an das Schaukeln der Brücke gewöhnt – und dann ist der Blick in die atemberaubende Natur des Bodetals aus dieser neuen Perspektive ein unvergessliches Erlebnis. Gegenüber der Talsperre befindet sich ein Vogelschutzgebiet. Hier konnten bei dem Projekt »Natura 2000« mehrere Wanderfalken-Pärchen erfolgreich angesiedelt werden.

← Im Harz kann man viele Abenteuer mit dem Hund erleben – ob Sightseeing, Wandern oder eine Fahrt mit der historischen Brockenbahn.

Tipp

WANDERUNG ZUR ROSSTRAPPE

Bei Wanderungen auf dem Hexen-Stieg durch die Bodetalschlucht geht es mitten durch den Wald, über den Fluss und auf schmalen Pfaden hinauf zur Rosstrappe. Gegenüber vom Hexentanzplatz bietet sich schließlich auf dem Aussichtspunkt Rosstrappe ein wunderbarer Panoramablick in die Harzer Bergwelt.

Der Brocken und die Walpurgisnacht

Mitten im Nationalpark Harz, in dem Luchse ausgewildert werden und deshalb strikte Leinenpflicht herrscht, liegt der höchste Berg Norddeutschlands – der Brocken. Sie können den 1141 Meter hohen Berg zu Fuß erklimmen oder mit der romantischen Brockenbahn von Wernigerode aus hinauf zum Gipfel fahren. Wer laufen möchte, findet verschiedene Wanderwege, die auf den sagenumwobenen Brocken hinaufführen. Von Torfhaus aus erreicht man auf dem Goetheweg nach knapp neun Kilometern auf den Spuren des großen Dichters den Gipfel.

Tipp

KONSERVIERTES MITTELALTER

In Quedlinburg bezaubern 2000 Fachwerkhäuser. Die Altstadt, die seit dem Dreißigjährigen Krieg (1618–1648) vor Zerstörung größtenteils verschont geblieben ist, vermittelt echtes Mittelalterfeeling. Lohnenswert ist der Blick vom Schlossberg und ein Besuch der romanischen Stiftskirche St. Servatii.

»Mit Feuer die bösen Geister vertreiben«

Oben angekommen, steht man auf einem kahlen Plateau. Noch dazu weht einem fast immer ein rauer Wind um die Ohren. Dass ein derart unwirtlicher Ort mit etwa 300 Nebeltagen pro Jahr von Poeten verehrt wurde, scheint zuerst kaum nachvollziehbar. Aber vielleicht ist es ja gerade diese besondere Atmosphäre, die den Brocken oder Blocksberg zum Schauplatz von Mythen und Sagen gemacht hat. Übrigens: Zu DDR-Zeiten war der Brocken tabu für Besucher. Von dem streng bewachten militärischen Sperrgebiet aus wurde in den Westen gelauscht. Doch am 3. Dezember 1989 forderten die Einheimischen ihren Berg zurück und demonstrierten zu Tausenden für die Öffnung des Brockens und der Grenze zwischen der DDR und BRD.
In der Walpurgisnacht am 30. April tanzen jedes Jahr die Hexen in den tollsten Kostümen und den gruseligsten Aufmachungen auf dem Brocken. Die Legende besagt, dass sich zur Nacht auf den 1. Mai auf dem Hexentanzplatz die Hexen versammelten, um ein gespenstisches Ritual zu feiern. Von hier aus sollen sie weiter auf den Brocken geflogen sein, wo sie um das Hexenfeuer tanzten. Mit dem Tag der heiligen Walpurgis soll nach altem Volksglauben der Frühling begrüßt werden, und die Feuer auf dem Berg sollen böse Geister vertreiben. Was einst Aberglaube war, ist heute zum riesigen Volksfest für die ganze Familie geworden. In mehr als 30 Orten im Harz wird die Walpurgisnacht, die schon Goethe in seinem *Faust* detailreich geschildert hat, gefeiert.

Mit Volldampf durch den Harz

Vom Brocken-Plateau aus geht es mit einer der 25 Dampf- und zwölf Diesellokomotiven bis nach Wernigerode – ein fast zweistündiges Abenteuer, bei dem der Hund, entweder mit Maulkorb oder in der Tasche, mitfahren darf. Die historische Brockenbahn fährt vom Brocken über Schierke, Hohne und Drei Annen bis nach Wernigerode, die »Bunte Stadt am Harz« mit ihren schönen alten Fachwerkhäusern, und zurück auf den Brocken. Sobald das Signal des Schaffners ertönt, geht's los. Die Lok dampft gemächlich durch die Natur, und auf der Fahrt kann man entspannt den Ausblick genießen. Die Kosten für die Fahrt, auch für Hunde, finden Sie auf der Homepage der Bahn unter www.hsb-wr.de.

↑ Eine Zeitreise ins Mittelalter kann man in Quedlinburg erleben, wo an jeder Ecke Relikte aus dieser Epoche erhalten sind.
↓ Zweitlängste Hängebrücke der Welt: An das Schaukeln der Brücke im Rappbodetal gewöhnt man sich schnell.

Auf zum Hundewald Harz!

Seit 2009 gibt es am südlichen Ortsausgang von Wildemann den Hundewald Harz. Das etwa einen halben Hektar große Areal liegt wunderschön inmitten der Harzer Bergwelt. Der Freilauf ist so hoch eingezäunt, dass selbst Hochspringer unter den Fellnasen keine Chance haben, zu entkommen. Zudem gibt es hier keine Wildtiere, die die Hunde aufschrecken könnten. Besonders ist, dass sich Vierbeiner hier auch in der Brutzeit vom 1. April bis 15. Juli austoben dürfen und im Freilauf rennen, buddeln oder mit ihrem Menschen trainieren können. Nach dem Toben im Hundewald bietet sich ein Besuch im nahen Bergbauernhof »Klein-Tirol« an, auf dem bedrohte Nutztierrassen wie das Harzer Rotvieh und die Harzer Ziege gezüchtet werden. Gehütet werden sie von Harzer Füchsen, einer Altdeutschen Hütehundrasse, die ebenfalls auf der Roten Liste als gefährdet eingestuft ist. Danach bietet sich eine Pause

»Auf den Spuren von Goethe, Heine, Eichendorff und Fontane«

↑ Einen Ausflug wert: Goslar ist bekannt für seine Altstadt mit zahlreichen Fachwerkbauten.
↙ Auf dem Hexen-Stieg wandert man mitten durch die Wälder und felsigen Täler der Region.

mit Kaffee und Kuchen im nostalgischen Café Doreen im Haus Vogelsang an. Nur 15 Kilometer von Wildemann entfernt liegt Altenau. Hier kann man sich bei einem Stopp durch den fantastischen Kräutergarten mit seiner exotischen Gewürzgalerie schnuppern – den weltweit größten seiner Art!

Wandern auf dem Hexen-Stieg

Der bekannteste Wanderweg der Region ist der Hexen-Stieg. Knapp 100 Kilometer führt er mitten durch den Harz. Die gesamte Strecke von Thale über den Brocken nach Osterode zeigt, wie vielfältig der Harz ist. Doch man kann es auch langsamer angehen lassen: Eine Teiletappe des Hexen-Stiegs ist immer drin! Im wildromantischen Bodetal zum Beispiel führt der Weg durch das canyonartige Felsental zwischen Thale und Treseburg. Hier wanderten schon Goethe, Heine, Eichendorff und Fontane und ließen sich von der Natur inspirieren. Etwa drei Stunden sollte man für diese Tour einplanen. Manchmal sorgt Geröll für schwer passierbare Passagen. Der Weg ist also nur etwas für erfahrene Wanderer und entsprechend aktive Hunde.

Tipp

BROCKENGARTEN
Der 1890 angelegte Brockengarten bewahrt seltene und vom Aussterben bedrohte Gebirgspflanzen (www.nationalpark-harz.de/de/natur-erleben/brockengarten).

HEXENPLATZ
Mit der Kabinenbahn kommt man bequem hierher. Die Wanderung ab Thale dauert etwa drei Stunden (www.seilbahnen-thale.de/attraktionen/kabinenbahn).

NACHTWÄCHTERFÜHRUNG
Freitags um 21 Uhr beginnt der Rundgang durch Blankenburg. Mit den spannenden Geschichten des Nachtwächters wird die Geschichte der Harzstadt lebendig (www.blankenburg.de/tourismus/erleben/erlebnisfuehrungen).

ÜBERNACHTEN
Im Ferienhaus Tusculum am Ortsrand von Gernrode sind Hunde willkommen. Schöne Wanderwege starten direkt vor der Tür.

8 Durch den Spreewald-Dschungel

Immer am Wasser

Im Südosten Brandenburgs bildet die Spree ein weitverzweigtes Netz aus Wasserstraßen. Was wäre also naheliegender, als den Spreewald auf dem Wasser zu entdecken? Und das geht auch mit Ihrem Hund! Wir haben Ideen gesammelt, wie Sie den Spreewald am schönsten erkunden.

Von wegen alte Gurke! Der Spreewald, der zwischen den Touristenmetropolen Berlin und Dresden gelegen ist, wartet mit mehr auf als nur mit der bekannten Essiggurke. Schon der Dichter Theodor Fontane beschrieb treffend: »Und dass dem Netze dieser Spreekanäle nichts von dem Zauber von Venedig fehle, durchfurcht das endlos wirre Flußrevier in seinem Boot der Spreewalds-Gondolier.« Die Fließe, wie man die Wasserarme nennt, entstanden bereits vor rund 20 000 Jahren in der letzten Eiszeit. Die natürlichen Wasserwege wurden dann von den hier siedelnden Niedersorben für die landwirtschaftliche Nutzung ausgebaut und zu einem gut funktionierenden Verkehrsnetz perfektioniert. Früher dienten die Holzkähne, die mit Staken bewegt werden, als wichtigstes Transportmittel. Auch heute wird im Spreewald noch vieles über den Wasserweg geliefert – und so kommt mancherorts die Post mit dem Kahn in den Briefkasten.

Tipp

SIEDLUNG

Auch in der kleinen slawischen Siedlung Stary Lud – »das alte Volk« – fühlt man sich inmitten von Grubenhäuschen in das Leben der damaligen Zeit versetzt. Beim slawischen Mittelalterfest von Ende Mai bis Ende Oktober können Sie selbst alte Handwerkstechniken ausprobieren (www.burgimspreewald.de).

← Herbstliche Stimmung auf den Kanälen und Fließen im Spreewald

Unterwegs im Wasserlabyrinth

Das wohl typischste Erlebnis in der Region, ohne das man den Spreewald eigentlich nicht verlassen darf, ist eine traditionelle Kahnfahrt. Mit den historischen Booten geht es entlang der Fließe. Ihr Hund darf Sie dabei gern begleiten. Vor allem im Sommer geht es auf den Wasserstraßen allerdings hoch her. Dann strömen zahlreiche Neugierige in die Wasserwelt, deren üppige grüne Natur fast schon wie ein Dschungel wirkt. Wer es lieber ruhiger mag, kommt vielleicht besser im Winter in den Spreewald, denn dann wird es still in den Fließen und der Spreewald hat eine fast schon mystische Atmosphäre.
Wer auf dem Wasser selbst aktiv werden will, der leiht sich am besten ein Kajak oder Kanu aus und paddelt auf eigene Faust los. Mit an die 300 Kilometern befahrbarer Fließe ist die Auswahl an Bootstouren im Spreewald riesig. Wenn Ihr Hund ein Fan von Wasser ist, können Sie auch Ihren Vierbeiner mit auf das Kanu nehmen. Packen Sie für Ihren Hund eine Decke oder ein Handtuch mit ein, damit er es sich während der Fahrt auf dem Wasser gemütlich machen kann. Die rund 20 Kilometer lange Hochwaldtour führt Paddler mitten durch das Zentrum des Spreewalds und von Lübbenau nach Leipe und Lehde. Mehr Kilometer sollten Sie sich am Anfang jedoch nicht zumuten, denn das Paddeln geht ganz schön in die Arme. Bootsverleihe gibt es zahlreiche, etwa am Bootshaus Kaupen in Lübbenau.

»Im Winter wird es im Spreewald still und mystisch.«

Tipp

KRÄUTERMANUFAKTUR

Der Duft von getrockneten Kräutern ist einfach verlockend. In der Spreewälder Kräutermanufaktur in Burg gibt es alle möglichen Heilkräuter für die Hausapotheke und Gewürzkräuter für leckere Gerichte. Schnuppern Sie sich durch das Angebot (www.hotel-stern-werben.de/kraeutermanufaktur).

Besuch im Freilandmuseum Lehde

Wer lieber am Wasser statt auf dem Wasser unterwegs ist, findet schöne Spazierrouten en masse. Von der Altstadt in Lübbenau führt ein fünf Kilometer langer Rundwanderweg durch das Waldgebiet ins Dörfchen Lehde. Lange war das Fischerdorf ausschließlich per Kahn erreichbar. Am Lehder Hauptkanal zeigt das Spreewaldmuseum drei für die Region typische Hofanlagen: den Haufenhof Lehde, einen Hof aus der Burger Gegend sowie einen aus dem Spreerandgebiet. Besucher und Besucherinnen erfahren nicht nur Historisches über den Spreewald, sondern auch darüber, wie der Alltag auf einem typischen Hof des 19. Jahrhunderts aussah. Dabei können Sie einen Einblick in traditionelles Handwerk wie die Korbflechterei oder die Rohrdachdeckerei und die Geschichte der Spreewaldfischerei erlangen. Hunde sind hier willkommen und Wassernäpfe stehen bereit (www.museum-osl.de).
Ein Abstecher auf die Insel Wotschofska lohnt sich schon wegen des gleichnamigen Gasthauses – ein Klassiker unter den Ausflugszielen im Spreewald. Es gibt hier typische Spezialitäten wie Kartoffeln mit Quark und Leinöl oder Gurkensuppe.

↗ Auf dem Spreewaldkahn gleitet man geräuschlos durch das Labyrinth der dunklen Wasserstraßen.
→ Statt Parkplatz hat man im Spreewald eine Anlegestelle für den Kahn vor der Haustür.

Auf dem »Gurkenradweg«

Der Spreewald lässt sich mit dem Fahrrad wunderbar erkunden. So führt der »Gurkenradweg« über 260 Kilometer durch das UNESCO-Biosphärenreservat Spreewald, vorbei an den Gurkenfeldern und Gurkeneinlegereien. Immer der Gurke nach geht es durch märchenhafte Wasserlandschaften, vorbei an Hofläden und Restaurants. Auf diesem Weg liegt auch die Spreewaldstadt Cottbus. Bei einem Stadtrundgang passiert man mittelalterliche Tore und barocke Bürgerhäuser, und bei einer Gassirunde im Branitzer Park kann man die Grabpyramide des Landschaftsarchitekten Fürst Pückler bestaunen, der mit Schloss und Park Branitz ein Meisterwerk der Architektur und Gartenkunst schuf. Auch der Cottbusser Tierpark mit über 1200 Tieren ist sehenswert. Hunde dürfen an der Leine mit.

Auf dem »Gurkenradweg« passiert man Deutschlands größte Streusiedlung Burg im Spreewald. Das beliebteste Ausflugsziel dort ist wohl der Bismarckturm auf dem sagenumwobenen Schlossberg. Von hier aus hat man einen fantastischen Blick über die einzigartige Spreewaldlandschaft. In der Nähe befindet sich das Bau(m)denkmal Arena Salix – eine beeindruckende Weidenburg, die lebt und wächst. Mitten in Lübben verbindet die Schlossinsel Natur und Kultur. Erlebnisbereiche wie der Klanggarten oder ein Labyrinth laden hier zum Schlendern und Verweilen ein. Im Zentrum der Stadt liegt der Lübbener Hain. Die verschlungenen Wege in diesem Naturschutzgebiet bieten wunderschöne und abweschlungsreiche Routen für Spaziergänge mit dem Vierbeiner. Aber beachten Sie: In Brandenburg herrscht generell Leinenpflicht, ausgenommen auf ausgewiesenen Hundeflächen.

Spuren der Vergangenheit

In der Slawenburg Raddusch begibt man sich auf eine spannende Zeitreise durch die Vergangenheit der Region. Die Burg gehört zu einer der typischen ringförmigen Burganlagen, die einst am südlichen und westlichen Rand des Spreewalds von den Slawen errichtet wurden. Die Slawenburg von Raddusch stammt aus dem 9. oder 10. Jahrhundert und wurde ursprünglich in Holz- und Lehmbauweise errichtet. Die fast kreisrunde Innenfläche mit einem Durchmesser von etwa 38 Metern war einst mit Häusern bebaut. Bei Kriegen fanden hier auch die Bewohner aus den umliegenden Dörfern Zuflucht. Die heutige Burganlage ist allerdings ein weitgehend authentischer Nachbau. Die multimediale Ausstellung in der Wallanlage beschäftigt sich mit der Ur- und Frühgeschichte der Niederlausitz. Auf dem Gelände und im Burghof darf sich Ihr Hund frei bewegen – und wenn er so klein ist, dass er auf den Arm genommen werden kann, darf er sogar mit in die Ausstellungsräume.

↑ Allee zwischen Lehde und Leipe
↙ Hauptsaison: In den Sommermonaten reiht sich in den Spreewaldkanälen Kahn an Kahn, denn der Touristenandrang ist groß.

Der Naturhafen in Raddusch ist ein guter Ausgangs-und Endpunkt für Kahnfahrten durch den Spreewald abseits der üblichen und viel besuchten Orte wie Lübbenau.

Tipp

KAHNFAHRTEN
Infos, wo auch Hunde mit in den Kahn dürfen, finden Sie unter www.sts-kahnfahrten.de.

DRAISINENFAHRT
Etwa eine halbe Autostunde vom nordwestlichen Rand des Spreewalds entfernt befindet sich Mittenwalde. Hier kann man auf Schienen mit der Eisenbahn-Draisine durchs Brandenburger Land radeln. Ihr Hund darf dabeisitzen und den Ausblick genießen (www.draisinenbahn.de).

GURKEN
Am Großen Hafen in Lübbenau können Sie sich an der Gurkenmeile mit Spreewaldgurken eindecken. Knoblauch, Chili, klassisch – probieren Sie sich durch die Vielfalt der Gurkenspeziallitäten!

FASTNACHT
Von Januar bis Mitte März feiert man im Spreewald mit der wendischen Fastnacht das Ende des Winters. Dieser Winterbrauch wird in vielen Dörfern im Oberspreewald und der Niederlausitz gepflegt.

ÜBERNACHTEN
Das Strandhaus Boutique Resort & Spa in Lübben (www.strandhaus-spreewald.de), die Bio-Appartements Mühlspreeweg

In Burg (www.auszeit-im-spreewald.de) sowie das Landhotel Burg in Burg (www.landhotel-burg.de) sind besonders hundefreundlich und auf Urlauber eingestellt, die mit ihrem Vierbeiner einen entspannten und unkomplizierten Aufenthalt im Spreewald genießen möchten.

9 Zwischen Dresden und Sächsischer Schweiz

Wo Elbflorenz auf Urmeer trifft

Barocke Paläste, modernes Kunsthandwerk und hippe Neustadt: Die sächsische Landeshauptstadt Dresden zählt zu den sehenswertesten Städten Deutschlands. Und rund um die Elbmetropole wartet ein Eldorado für Outdoor-Freunde.

Dresden ist pittoresk, aber auch eine Stadt der Gegensätze. Barocke Prachtbauten und wunderbar renovierte Bürgerhäuser auf der einen Elbseite, die hippe Neustadt mit ihren Künstlerhöfen, gemütlichen Cafés und angesagten Bars auf der anderen. Los geht es mit den Must-Sees, die man auch prima auf einem Spaziergang mit dem Hund entdecken kann. Da es in der Innenstadt manchmal recht voll wird, starten Sie am besten früh morgens, um den größten Trubel zu vermeiden. Wie in fast allen Städten herrscht auch in der Dresdner Altstadt Leinenpflicht für Hunde. Die Tour durch Dresden beginnt im Dresdner Zwinger, dessen Außenanlagen Sie problemlos mit Hund besichtigen können. Lassen Sie sich von der prachtvollen Architektur der Semperoper und des Residenzschlosses beeindrucken und spazieren Sie weiter zum Fürstenzug. Mit 102 Meter Länge ist er weltweit das größte keramische Wandbild eines Reiterzugs. Das Bild besteht aus sage und schreibe 23 000 Meißener Porzellanfliesen. Weiter geht es Richtung Neumarkt und Frauenkirche. Lassen Sie sich ruhig einen Moment Zeit, um die Fassade der weltberühmten Frauenkirche genauer anzusehen.

Tipp

WIE IM BILDERBUCH

Die Hauptstraße im Bad Schandauer Ortsteil Schmilka schmücken viele hübsche Fachwerkhäuschen – das »schönste Dorf Sachsens« hat nicht umsonst seinen Beinamen erhalten (www.schmilka.de).

→ Dresdens Wahrzeichen: Die elegante Kuppel der wiederaufgebauten barocken Frauenkirche erinnert an die Zerstörungsgewalt des Kriegs.

»Erleben Sie Ihr ›Blaues Wunder‹«

Deutlich heben sich die originalen, fast schwarzen Steine von den neuen hellen Sandsteinen ab und erinnern an die bewegte Geschichte dieses Bauwerks, das im Krieg zerstört wurde. Wer bei ungemütlichem Wetter keine Lust auf längere Spaziergänge hat, kann auch einen der zahlreichen Stadtrundfahrten-Anbieter nutzen, denn in den Bussen ist die Mitnahme kleinerer Hunde erlaubt.

Zu Besuch in der Dresdner Neustadt

Nach so viel Kunst und Kultur dürfen Sie Ihrem Hund etwas Auslauf gönnen – am besten auf den weitläufigen Elbwiesen, die sich mitten durch Dresden ziehen. Starten Sie am Käthe-Kollwitz-Ufer, wo Hunde zwischen Elbe und Radweg frei laufen und toben dürfen. Nach einem netten Plausch mit anderen Hundehaltern schlendert man weiter und genießt den wunderbaren Ausblick auf die drei Elbschlösser. Direkt am »Blauen Wunder«, einer hellblau gestrichenen Stahlfachwerkkonstruktion, die offiziell Loschwitzer Brücke heißt, quert man dann die Elbe. Wie wäre es jetzt mit einer Fahrt mit den Dresdner Bergbahnen? Schon seit 100 Jahren transportieren die Standseilbahn und die Schwebebahn Passagiere. Vom Ortsteil Loschwitz bringt Sie die Standseilbahn aus dem Jahr 1895 mit Ihrem Hund zum noblen Stadtteil Weißer Hirsch für einen Spaziergang durch das Villenviertel. Die 1901 gebaute Schwebebahn verbindet Loschwitz mit Oberloschwitz, von wo man eine weite Aussicht auf das Elbtal genießt. Auf der Fahrt müssen Hunde jedoch an die Leine und einen Maulkorb tragen.

Das Kontrastprogramm zu der geschichtsträchtigen Altstadt gibt es in der Dresdner Neustadt. Sie ist hip und überrascht mit Szenecafés, Restaurants und individuellen Geschäften. Hier sollte man einen Blick in die berühmte Kunsthofpassage werfen: Die fünf kleinen Höfe sind jeweils eigenen Gestaltungsthemen gewidmet und tragen Namen wie »Hof des Lichts« oder »Hof der Tiere«. Hier kann man sich an den bunten Häuserfassaden gar nicht sattsehen und findet in den ansässigen Ateliers sicher ein paar schöne Andenken. Im hundefreundlichen Bio-Café Hellers Kuchenglocke gleich um die Ecke bietet sich eine Pause an. Hier hat man allerdings die Qual der Wahl: Welches der leckeren Törtchen darf es sein?

Highlights der Sächsischen Schweiz

Im Umland von Dresden kommen Wanderfans im Nationalpark Sächsische Schweiz voll auf ihre Kosten. Mit Hund und Rucksack kann man die wilde Schönheit des Elbsandsteingebirges und den Blick auf das Elbtal genießen. Kulturbegeisterte können

↖ Beliebtestes Ausflugsziel in der Sächsischen Schweiz: der Basteifelsen und die Basteibrücke
← Von der Aussichtsplattform auf dem Basteifelsen genießt man einen wunderbaren Weitblick über das Elbsandsteingebirge.

Tipp

HUNDE-HIKE UND DAMPFERFAHRT

Zu Fuß unterwegs: Jeden 2. Sonntag im Monat bietet die Hundeschule AnimalManShip Hundewanderungen durch die Dresdner Heide an (animalmanship.de).

Auf dem Wasser unterwegs: Vom Schiff aus zeigt sich die Sächsische Schweiz noch einmal von einer neuen Perspektive. Die historischen Schaufelraddampfer halten unterwegs in Pirna, Rathen, Königstein und Bad Schandau (www.saechsische-dampfschiffahrt.de/).

auf den Spuren von Herzögen und Königen in den Schlössern und Burgen der Region wandeln oder eine der malerischen Städtchen und Ortschaften der Umgebung besichtigen.

Urlaub in der Sächsischen Schweiz

Die aus dem Sandstein der Region erbaute Stadt Pirna ist quasi das Eingangstor zum Elbsandsteingebirge. Bei einer Tasse Kaffee und Kuchen in einem der hübschen Restaurants und Cafés in der Altstadt kann man sich wunderbar entspannen.

Auch in der Kurstadt Bad Schandau stehen alle Zeichen auf Erholung. Der Kneippkurort hat eine lange Tradition und zählt zu den ältesten Urlaubsorten der Sächsischen Schweiz. Nehmen Sie eines der zahlreichen Wellnessangebote wahr oder fahren Sie mit dem historischen Personenaufzug aus dem Jahr 1904 auf die Ostrauer Scheibe.

Den fantastischen Ausblick von der weltberühmten Felsformation Bastei können Sie auch zusammen mit Ihrem Hund genießen. Die Aussichtsplattform diente auch in einigen Hollywoodfilmen als spektakuläre Kulisse, wie in *Inglorious Basterds* oder *The Grand Budapest Hotel*. Der Aufstieg hinauf zur Bastei führt mitten durch den Wald und erfordert durchaus etwas Ausdauer und Trittsicherheit. Doch versprochen: Die Mühe lohnt sich!

Die weithin sichtbare Festung Königstein befindet sich auf einem Felsplateau mitten im Elbsandsteingebirge. Hunde sind auf der Außenanlage der Festung erlaubt, es herrscht allerdings Leinenpflicht. Mit in die Räume und Ausstellung auf der Feste dürfen Hunde allerdings nicht.

Eine Attraktion der Sächsischen Schweiz ist auch der im Kirnitzschtal gelegene Lichtenhainer Wasserfall. Im Jahre 1830 wurde als touristische Attraktion am Lichtenhainer Dorfbach ein Stauwehr durch ein aufziehbares Werk so umgestaltet, dass die Staumauer geöffnet werden konnte und ein großer Wasserschwall herunterstürzte. Seit 1994 wurde diese Wehranlage jede halbe Stunde mit musikalischer Untermalung geöffnet. Die Sehenswürdigkeit lässt sich auch mit einer Fahrt in der traditionellen Kirnitzschtalbahn verbinden.

↗ Der »Hof der Fabelwesen« in der Kunsthofpassage der Dresdner Neustadt
← Gut machbar: Mit dem Hund im Elbsandsteingebirge unterwegs

Tipp

SHOPPING FÜR DEN HUND

Wenn Sie schon einmal in Dresden sind, dann schauen Sie doch gleich bei den Elbhunden in der Rampischen Straße vorbei. Hier gibt es alles, was das Hundeherz begehrt und was auch Frauchens Herz erfreut. Bevor die Leckerchen und Spielzeuge in die Ladenregale kommen, werden sie zuvor ausgiebig von Sarahs Hunden Bailey und Maya auf ihre Qualitäten getestet (www.elbhunde-dresden.de).

TAGESBETREUUNG FÜR HUNDE

Auch wenn der Striezelmarkt in Dresden eine der großen Attraktionen in der Vorweihnachtszeit ist, sollten Sie das Gedränge und den Lärm mit Hund meiden. Das ist purer Stress für ihn. Lassen Sie ihn zu Hause oder nutzen Sie eine Tagesbetreuung in Dresden, zum Beispiel »Für alle Felle« (www.allefelle.de), den Tierpsychologen Axel Reichert (animal-man-ship.de) oder »Dog nanny« (dognanny-gassiservice.com).

ÜBERNACHTEN

Hundefreundlich ist das Motel One Dresden Palaisplatz (www.motel-one.com/de/hotels/dresden/hotel-dresden-palaisplatz). In der Sächsischen Schweiz sind Hunde in der Elbresidenz Birkwitz in Pirna willkommen (www.hotel-dresden-pension-ferienwohnung.de), in der Pension Schwenkehof in Königstein (www.schwenkehof.de) oder der Grundmühle in Bad Schandau (www.grundmuehle-elbsandsteingebirge.de).

Großer und kleiner Spreewald-Kapitän mit Hund auf einem Spreewaldkahn in Lübbenau

10 Glück auf! Im Winterwunderland Erzgebirge

Tradition und Wintersport

In der Vorweihnachtszeit präsentiert sich die Handwerkstradition im Erzgebirge: Handgearbeitete Schwibbögen, Räuchermännchen und Holzpyramiden sorgen für eine heimelige Atmosphäre. Die traditionelle Weihnachtsdekoration, so wie wir sie kennen, wurde hier erfunden.

Das Erzgebirge wurde über viele Jahrhunderte vom Bergbau geformt. Davon zeugen heute noch die Schaubergwerke und Bergbaulehrpfade in der 2019 von der UNESCO zum Welterbe ernannten Montanregion Erzgebirge/Krušnohoří.
In der Adventszeit verwandelt sich die Region in ein echtes Weihnachtsparadies. In den Holzwerkstätten, beispielsweise in Seiffen, kann man den Kunsthandwerkern an der Drechselbank zuschauen und sich gleich Mitbringsel für zu Hause sichern. Schwibbogen, Holzpyramide, Räuchermännchen: Sie haben die Wahl. Als traditionelles Produktionszentrum von gedrechseltem Holzspielzeug und Weihnachtsschmuck sind im Dezember die Märkte in der Region ein echter Anziehungspunkt. Geboten ist das volle Programm – Bergleute in traditioneller Tracht, funkelnde Weihnachtsbäume und besinnliche Musik. Im magischen Licht der Lichterketten und beim betörenden Geruch von Bratäpfeln und Zuckermandeln schmecken Bratwurst und Glühwein besonders gut. Nicht verpassen: Nehmen Sie sich einen typischen Weihnachtsstollen mit und schwelgen Sie nach der Reise noch ein wenig in besinnlichen Erinnerungen.
Im Erzgebirge geht es auch nach der Weihnachtszeit hoch her. In der Bergstadt Annaberg-Buchholz verwandelt sich der Marktplatz von Januar bis Ende Februar in eine große Eislauffläche auf der geskatet wird und kunstvolle Pirouetten gedreht werden. Sehenswert ist das Wahrzeichen der Stadt, die spätgotische St. Annenkirche.
Mit der Erzgebirgischen Aussichtsbahn kann man an ausgewählten Wochenenden von Annaberg-Buchholz ganz nostalgisch auf der mehr als 130 Jahre alten Bahnstrecke nach Schwarzenberg reisen. Hunde dürfen mit in die Waggons, doch muss man für große Hunde den Kindertarif von 7 Euro zahlen (www.erzgebirgische-aussichtsbahn.de). In Schwarzenberg selbst erwartet Sie eine denkmalgeschützte Altstadt mit dem Schloss Schwarzenberg. Die Wehranlage stammt aus dem 12. Jahrhundert und gilt als Ausgangspunkt für die Besiedlung der Region.

← Mit der Dampflok der Erzgebirgischen Aussichtsbahn geht's von Annaberg-Buchholz durch das winterliche Erzgebirge nach Schwarzenberg.
↗ Winterspaß bei einem Ausflug mit dem Hund

Aktivurlaub mit Hund

Outdoor-Fans, die gern mit dem Hund unterwegs sind, kommen im Winter in der verträumten Schneelandschaft des Erzgebirges auf ihre Kosten. Winterwandern gehört wohl zu den schönsten Aktivitäten, die man in der kalten Jahreszeit gemeinsam mit dem Vierbeiner unternehmen kann.

Tipp

SEIFFEN
Der Ort versteht sich als eine Wiege des erzgebirgischen Kunsthandwerks. Im sogenannten Spielzeugdorf Seiffen herrscht im Dezember Weihnachtsstimmung pur – auf dem traditionellen Weihnachtsmarkt und in den Schauwerkstätten (www.seiffen.de).

Im Erzgebirge warten zahllose Wanderwege, auf denen bei jedem Schritt der Schnee unter den Füßen knirscht. Jetzt hat man Gelegenheit, die Natur im Winterschlaf zu entdecken. Nach einem ausgedehnten Winterspaziergang geht es zur Einkehr in einen der gemütlichen Gasthöfe zum »Hutzen«, was so viel wie »gemütliches Miteinander« bedeutet.

Auf zum Fichtelberg!

Auch zu den anderen Jahreszeiten sind die Möglichkeiten für Naturerlebnisse im Erzgebirge vielfältig. Wanderrouten führen quer durch reizvolle Landschaft, auf aussichtsreiche Gipfel, durch romantische Täler und idyllische Wälder. Der Fichtelberg im Erzgebirge bei Oberwiesenthal ist mit 1215 Metern der höchste Berg Ostdeutschlands. Schon aus der Ferne ist auf dem Gipfel das Fichtelberghaus auszumachen. Auf dem »Erlebnispfad Bimmelbahn« können Sie entlang der Strecke der Fichtelbergbahn spazieren. Wenn die Füße müde werden, steigt man einfach an der nächsten Haltestelle in eine der historischen Züge. Von Cranzahl geht es mit Dampflok zum Kurort Oberwiesenthal – auch mit Hund.
Von dort bringt Sie in nur wenigen Minuten die Schwebebahn auf den Fichtelberg. Auf dem Weg nach oben genießt man den Blick ins Tal und die Skisprungschanzen. Das Beste: Hunde dürfen

»Wo ›Hutzen‹ so viel wie gemütliches Miteinander bedeutet«

↑ Nicht nur zur Weihnachtszeit – die gedrechselten Figuren aus Seiffen sind begehrtes Kunsthandwerk.
↙ Blick auf den Fichtelberg und eine zauberhafte Winterlandschaft

kostenlos mitfahren. Leine und Maulkorb sollte man aber nicht vergessen. Rund um und auf dem Fichtelberg erstreckt sich nicht nur eines der bedeutendsten Wintersportgebiete, sondern es gibt auch ein großes Netz an beschilderten Wanderwegen. Infos zu Wanderungen im Erzgebirge finden Sie gebündelt unter www.erzgebirge-tourismus.de.

Auch der Kurort Oberwiesenthal lohnt einen Besuch. Im Angebot sind Wellness und viele Läden mit typischen kunsthandwerklichen Erzeugnissen.

Tipp

EISENBAHNROMANTIK

Im Eisenbahnmuseum am Rande von Schwarzenberg schlagen die Herzen von Eisenbahnfans höher. Ihren Hund dürfen Sie mitnehmen (www.vse-eisenbahnmuseum-schwarzenberg.de).

ALASKA-FEELING

Alljährlich im Februar werden in der winterlichen Umgebung des Spielzeugdorfs Seiffen die Huskys für das Schlittenhunderennen angespannt. Das Programm finden Sie unter: www.seiffen.de

TALSPERRE CRANZAHL

Eine Wanderung zur Talsperre Cranzahl führt auf einer Strecke von knapp 5 Kilometern vom Bahnhof Sehmatal-Cranzahl über die Talsperrenstraße bis zur Staumauer und wieder zurück. Eine schöne, gemütliche Runde mit Hund.

ÜBERNACHTEN

Hunde sind willkommen im Landhotel Rittersgrün in Breitenbrunn (www.landhotel-rittersgruen.de), im Hotel Weißes Roß in Marienberg (www.weisses-ross.com) und im Hotel Buntes Haus Seiffen (www.seiffen.de).

Unterwegs mit Hund

TIERISCH GUT ANS ZIEL

VERREISEN MIT DER BAHN

Hunde, die kleiner als eine Hauskatze sind, fahren kostenlos mit der Deutschen Bahn. Für größere Hunde ist ein Zusatzticket nötig, das im Preis einer Kinderfahrkarte entspricht. Für Hunde, die nicht in einer geschlossenen Transportbox reisen, gilt die Leinenpflicht. Zudem müssen sie einen Maulkorb tragen. Da es während der Fahrt keine Möglichkeit zum Gassigehen gibt, sind Zugfahrten mit dem Hund eher bei Kurzstrecken sinnvoll.

TIPP: Um den Hund im Zug mit Wasser zu versorgen, reisen Sie mit einer speziellen Hundetrinkflasche, bei der aus dem Deckel getrunken wird.

VERREISEN MIT DEM SCHIFF

Nicht jeder Anbieter von Schiffsreisen gestattet die Mitnahme von Hunden. Auch wenn Sie ein Kreuzfahrtschiff gefunden haben, auf dem Vierbeiner erlaubt sind, klären Sie vor der Buchung ab, ob die Kosten für den Transport von der Größe oder dem Gewicht Ihres Hundes abhängig sind, ob bestimmte Rassen ausgeschlossen sind und welche Dokumente und Impfungen verlangt werden. An Bord sollten Sie sich informieren, wo Leinenpflicht herrscht.

TIPP: Bei 1AVista werden speziell auf Hunde zugeschnittene Flusskreuzfahrten – teils mit kleiner Hundewiese an Bord – angeboten (www.1avista.de).

VERREISEN MIT DEM FLUGZEUG

Allgemeingültige Vorschriften für die Mitnahme von Hunden in Flugzeugen gibt es nicht. Jede Airline verfährt anders. Auch die Kosten schwanken und hängen u. a. von der Rasse des Hundes und der Flugzone ab. Vorab sollten Sie tierärztlich klären, ob Ihr Hund fliegen darf. Bei den meisten Airlines dürfen Hunde in der Box (Maximalgewicht 8 Kilogramm inkl. Box) in den Passagierraum. Während des Fluges muss der Hund in der Box bleiben. Daher sollten Wasser- und Futterbehälter von außen gut zu befüllen sein. Vermeiden Sie das Fliegen mit Hunden, die in den Frachtraum müssen.

TIPP: Skyscanner listet für einen ersten Überblick die Preise und Bestimmungen für die Tiermitnahme mehrerer Fluglinien auf (www.skyscanner.de).

VERREISEN MIT AUTO UND WOHNMOBIL

Besorgen Sie sich für eine Fahrt mit dem Auto unbedingt ein geeignetes Sicherheitsgeschirr bzw. eine passende Transportbox (siehe S. 41). Idealerweise bringen Sie die Box im Kofferraum Ihres Autos quer zur Fahrtrichtung unter und sichern diese mit Gurten und einem Laderaumgitter. Im Wohnmobil sollte die Transportbox an einer geeigneten Stelle im Innenraum aufgestellt und ebenfalls entsprechend gesichert werden. Machen Sie am besten eine Testfahrt mit dem Hund, um zu sehen, ob er das Autofahren verträgt. Bei Übelkeit fragen Sie Ihren Tierarzt nach einem (pflanzlichen) Reisemedikament. Am besten füttern Sie Ihren Hund zwei Stunden vor der Fahrt und planen alle zwei Stunden eine Trink- und Gassipause ein. Grundsätzlich gilt: Lassen Sie Ihren Hund im Sommer nicht allein im Auto.

TIPP: Nutzen Sie den Service von Wohnmobilverleihern, die auf Reisen mit Hund spezialisiert sind. Infos finden Sie unter www.camper-dogs.com oder www.waumobil.de.

↑ Die Transportbox sollte für den Hund bequem, aber nicht zu groß sein (siehe S. 41).
↖ An der Leine klappt das Zugfahren meist gut.

11 Mit der Leine in der Hand durch den Thüringer Wald

Deutschlands grünes Herz

»Ich wandre ja so gerne am Rennsteig durch das Land, den Beutel auf dem Rücken, die Klampfe in der Hand …« Das Rennsteiglied gilt als heimliche Nationalhymne Thüringens, denn unter den Weitwanderwegen ist der Rennsteig die Nummer eins. Also Wanderschuhe einpacken!

Kennerinnen und Kenner grüßen sich auf dem Rennsteig traditionell mit »gut Runst«, was so viel wie »guten Lauf« bedeutet. Der etwa 170 Kilometer lange Höhenwanderweg ist der älteste und auch einer der angesagtesten Weitwanderwege Deutschlands. Jedes Jahr sind auf dem Rennsteig an die 100 000 Naturbegeisterte unterwegs. Der einstige Botenweg, der in Eisenach beginnt und in Blankenstein endet, wird schon um das Jahr 1330 erwähnt. Auch unter Hundefreunden ist der Weg sehr beliebt. Wer die gesamte Strecke bestreiten möchte, braucht rund acht Tage, aber auch einzelne Etappen garantieren erlebnisreiche Touren.

Geschichtsträchtig wird es in Eisenach, denn hier steht die Wartburg. Kaum eine andere Burg hat für die deutsche Geschichte mehr Symbolkraft. Einst wurden hier im Musenhof die Lieder Walthers von der Vogelweide gesungen. Hinter den dicken Burgmauern lebte erst die heilige Elisabeth von Thüringen und später Martin Luther, der hier zwischen 1521 und 1522 im Exil als »Junker Jörg« das Neue Testament aus dem Griechischen ins Deutsche übersetzte. 1817 fand schließlich an diesem Ort das Wartburgfest statt, auf dem erstmals die Forderungen nach einem freien Nationalstaat laut wurden.

»Wo man sich mit ›gut Runst‹ begrüßt«

→ Bei schönstem Wetter unterwegs auf dem Rennsteig zwischen Brotterode und Eisenach

DER
RENNSTEIG
R
HÖHENWEG
DES
THÜRINGER
WALDES

Meilenstein deutscher Geschichte

Auf dem »Luther-Erlebnispfad« können Sie gemeinsam mit Ihrem Vierbeiner auf den Spuren des großen Reformators wandern. Großflächige Tafeln informieren auf der Strecke über das Leben und Wirken Martin Luthers. Mit ins Innere der Wartburg dürfen Hund leider nicht, im Hof der Burg gibt es jedoch Möglichkeiten zum Anleinen.
Ebenfalls lohnenswert ist ein Abstecher in Eisenachs Innenstadt. Dort steht übrigens eines der schmalsten bewohnten Häuser Deutschlands. Es ist gerade einmal 2,05 Meter breit!
Wenn Ihr Hund trittsicher ist und auch mit Gitterrosten kein Problem hat, sollten Sie unbedingt eine Wanderung durch die schöne Drachenschlucht bei Eisenach unternehmen. Vorbei an den pittoresken Villen in der Südstadt geht es zum Startpunkt der Wanderung im Mariental. Bald verengt sich das Tal und wird zu einer dramatischen Klamm. Der Rundweg dauert insgesamt etwa 3,5 Stunden und führt vorbei am kleinen Drachenstein und durch die Landgrafenschlucht zurück zum Ausgangspunkt.
Sicher ist: Burgenfans und kleine Ritter werden im Thüringer Wald glücklich! Auch in Ruhla können Sie mit Ihrem Hund zu einer Burg wandern – der Ruine Scharfenberg auf dem gleichnamigen Berg. Und im Miniaturenpark mini-a-thür in Ruhla finden Sie detailgetreue Modelle der bedeutendsten kulturhistorischen Bauten Thüringens. Vierbeiner an der Leine sind hier willkommen.
Weiter geht es nach Gotha. Wer hier angekommen ist, darf das Wahrzeichen der Stadt nicht verpassen: das prächtige Schloss Friedenstein mit den begehbaren Kasematten. Mit Ihrem Hund können Sie dann durch den angrenzenden Englischen Garten, einen der ältesten Parks nach englischem Vorbild, schlendern oder durch den Mönchspark im Ortsteil Siebleben – ein echter Geheimtipp.

Tipp

DINOS

Zwanzig Nachbildungen von Sauriern, jeweils mit einer Infotafel, begeistern auf dem 4,5 Kilometer langen »Saurier-Erlebnispfad« sowohl Erwachsene als auch Kinder. Der Pfad führt von Georgenthal über die Saurierfundstätte »Bromacker« bis zur Lohmühle. Über die Touristeninformation Georgental können Sie eine geführte Tour buchen, um noch mehr Infos zu erhalten (www.georgenthal.de).

↗ Im Herbst ist der Thüringer Wald ein beliebtes Wandergebiet – mit und ohne Vierbeiner.
← Im Wildkatzendorf Hütscheroda kann man die seltenen und scheuen Katzen einmal aus der Nähe sehen. Hunde sind an der Leine mit dabei.

Tierisch unterwegs in Thüringen

Nicht nur Burgen-, auch Tierfans sind im Thüringer Wald gut aufgehoben. Der Tierpark Suhl hat sich auf die Haltung und Zucht von europäischen Haus- und Wildtieren, die vom Aussterben bedroht sind, spezialisiert. Gemeinsam mit Ihrem Hund können Sie dort an die hundert verschiedene Arten beobachten, wie das bedrohte Pustelschwein, die Steinbacher Kampfgans oder den Poituo-Riesenesel. Wer sich Hals über Kopf verliebt, kann Tierpate oder -patin werden und damit gleichzeitig etwas Gutes tun.

Im Erlebnispark Meeresaquarium in Zella-Mehlis kann man eine faszinierende Unterwasserwelt entdecken – ein Spaß für Groß und Klein. Für 2 Euro extra darf auch Ihr Vierbeiner mitkommen. Wildkatzen in freier Natur sind selten zu beobachten, vor allem mit Hund. Im südöstlichen Teil des Nationalparks Hainich hat man im Wildkatzendorf Hütscheroda die Möglichkeit, die scheuen Tiere zu erleben. Mit dem Hund an der Leine kann man die Wildkatzenscheune und -lichtung besuchen. An der Hundebar am Eingang gibt es frisches Wasser.

Tipp

WELLNESS

Friedrichsroda und der Ortsteil Finsterbergen im Landkreis Gotha zählen zu Thüringens Heilklimatischen Kurorten. Alles dreht sich hier um's Heilklima und Heilwasser. Entsprechend groß ist das Wellnessangebot (www.friedrichroda.info; www.thueringen.info).

EINKEHREN

Das Hüllrod Restaurant & Café liegt idyllisch mitten im Kur- und Erholungspark von Finsterbergen (www.huellrod.de).

ÜBERNACHTEN

Die Pension Steinbergsblick in Nahetal-Waldau im kleinen Ort Schleusingerneundorf (www.steinbergsblick.de), das Hotel Rennsteigblick in Friedrichroda-Finsterbergen (www.tannhaeuser-hotel.de) oder die urigen Ferienhäuser in Gehlberg (www.ferienhaus-in-gehlberg.de) am Schneekopf heißen Sie mit Ihrem Hund willkommen.

12 Erlebnistouren im Bayerischen Wald

Wildnis auf dem Grünen Dach

Deutschland hat einen Urwald. Und dieser erstreckt sich direkt entlang der Grenze zu Tschechien. Inmitten des Nationalparks Bayerischer Wald gibt es unberührte Natur, seltene Tierarten und mehr als 130 Berggipfel, die erklommen werden können. Auf in die Wildnis!

Der Bayerische Wald, der 1970 zum ersten Nationalpark Deutschlands erklärt wurde, bildet zusammen mit seinem tschechischen Nachbarn, dem Nationalpark Sumava, das größte Waldgebiet zwischen dem Ural und Atlantik. Deutschlands längster Wanderweg, der »Goldsteig«, erstreckt sich auf den sogenannten Grünen Dach Europas. Auf einem kleinen Abschnitt dieser Wegstrecke kann man zusammen mit dem Hund die größte zusammenhängende Waldlandschaft Europas erwandern und das Naturparadies Bayerischer Wald erkunden. Die Wege führen auf weichem Waldboden unter dem Blätterdach hindurch und dabei gibt es immer wieder grandiose Ausblicke in die Ferne. In höheren Lagen lichtet sich der Wald – leider auch wegen des Borkenkäfers, der reihenweise die Fichten absterben lässt. Heute entsteht in geschützten Zonen ein neuer, artenreicher Wald, der seinen Bewohnern zwischen Totholz und Sprösslingen einen natürlichen Abenteuerspielplatz bietet.

← Ein riesiger »Baumturm« ist das Highlight auf dem 1300 Meter langen Baumwipfelpfad im Nationalparkzentrum Lusen in Neuschönau.

Zwischen Baumwipfeln und Felsenmeer

Der heilklimatische Kurort Bodenmais ist ein idealer Ausgangspunkt für kleine und größere Wanderungen. Auf der »Ameisenstraße«, einem 2,5 Kilometer langen Naturerlebnisweg mit 27 Stationen, haben auch Kinder viel Spaß. Da der Elebnisweg für den Kinderwagen geeignet ist, können hier selbst die ganz Kleinen mit dabei sein. Wer etwas mehr wandern möchte, erklimmt den Hausberg von Bodenmais – den Silberberg.

Weiter in luftige Höhen geht es auf dem Waldwipfelweg in Sankt Englmar. Zusammen mit dem Hund können Sie hier den Bayerischen Wald von oben bestaunen und sich dem Lebensraum Wald von einer ungewohnten Seite annähern. Höhepunkt ist der 52 Meter hohe Waldturm am Ende des Waldwipfelwegs, von dem aus man die Aussicht genießen kann – mit Weitblick bis zu den Alpen. Kletterelemente, Rutschen und Netze halten Kinder auf dem Erlebnisweg auf Trab (www.waldwipfelweg.de). Sie möchten mehr über die heimische Tierwelt erfahren? Dann unternehmen Sie mit Ihrem Hund

»Auf dem Gipfel des Lusen befindet sich ein ganz besonderes ›Meer‹.«

Tipp

GABRETA

Im Keltendorf zwischen Grafenau und Ringelei gibt es Geschichte zum Anfassen. Das archäologische Erlebnisland hat tolle Aktionen zum Mitmachen für die ganze Familie im Programm. Für Hunde ist der Eintritt kostenlos. Beachten Sie die Winterpause (www.keltendorf.com).

einen Rundgang durch das Tier-Freigelände in Neuschönau im Nationalparkzentrum Lusen. Auf 200 Hektar werden 45 der heimischen Tierarten, ihre Lebensweise und ökologische Bedeutung im Bergwald vorgestellt. Braunbär, Luchs, Wildschwein stehen hier im Fokus, aber auch die typischen Pflanzen und Gesteinsarten der Region. Der Lusen, mit 1373 Metern der fünfthöchste Berg des Bayerischen Waldes, hat ein ganz besonderes »Meer« zu bieten. Das Felsenmeer aus Granitblöcken bildet bei Wanderungen auf den Gipfel des Lusen ein bizarres Highlight. Die zerklüftete Stein-

landschaft, die sich auf mehr als 200 000 Quadratmetern erstreckt, entstand durch eiszeitliche Erosion. Am Fuße des Lusen-Gipfels kann man die Glasarche bewundern, ein Kunstwerk, das sich der Glastradition in der Region widmet.

Von Pullman City in den Gläsernen Wald

Vom Bayerischen Wald in den Wilden Westen geht es in Pullman City, einem Erlebnispark in Eging am See. In der Western City dürfen Sie in eine andere Welt eintauchen – und Ihren Hund mitnehmen. Es erwartet Sie ein vielfältiges Showprogramm mit waghalsigen Reitern, furchtlosen Messerwerfern und virtuosen Lassoartisten und Sie können sich hier auch einmal im Bogenschießen oder Goldwaschen versuchen, Countrymusik live hören oder am lauschigen Lagerfeuer sitzen.
In der Stadt Regen, auch die »Perle am Fluss« genannt, gibt es den Gläsernen Wald an der Burg Weißenstein zu entdecken. Der Künstler Rudolf Schmid hat hier Bäume – Tannen, Fichten, Buchen – aus Flachglas gefertigt. Der Glaswald, der im Sonnenlicht glitzert, knüpft an die Tradition der Glasmacherkunst im Arberland an, die bis ins 14. Jahrhundert zurückreicht. Der Wald ist jederzeit zugänglich und bietet besonders bei Nacht, wenn die Skulpturen beleuchtet werden, ein herrliches Lichterspiel. Noch mehr Glas finden Sie in Zwiesel. Das Wahrzeichen der Stadt ist eine Glaspyramide, aber auch die grazile Glaskapelle ist sehenswert. Folgen Sie der Glasmachertradition bei einem Stadtspaziergang. Übrigens liegt die Glasstadt am »Weißwurstäquator« – der Kulturgrenze zwischen Altbayern und dem restlichen Deutschland. Glauben Sie nicht? Dann sehen Sie sich das dortige »Denkmal« an …

↑ Der Blick vom Lusen (1373 m) auf den Bayerischen Wald offenbart die Schäden im Baumbestand.
↙ Luchs im Nationalparkzentrum Lusen

Tipp

FREILICHTMUSEUM
Erleben Sie das ländliche Siedlungswesen des Bayerischen Waldes hautnah im Freilichtmuseum Finsterau. Ihr Vierbeiner darf Sie an der Leine gern begleiten (www.freilichtmuseum.de).

HIGHLANDER RANCH
Die Highlander Ranch bietet Reiturlaub am Ortsrand von Spiegelau, am größten zusammenhängenden Reitwanderwegenetz Europas (www.highlander-ranch.de).

WILDGARTEN
In Furth im Wald befindet sich ein Wildgarten mit Unterwasser-Beobachtungsstation. Naturfreunde und ihre Hunde erwarten hier 100 000 Quadratmeter zum Erkunden (www.wildgarten-furth.de).

ÜBERNACHTEN
Urlaubsgäste mit Vierbeinern sind gern gesehen in den Montara Suites (www.montarasuites.com) und in der Pension Sonnleit'n in der Glasstadt Zwiesel (www.sonnleitn.de).
Auf dem KNAUS Campingpark Viechtach (www.knauscamp.de/viechtach.html) ist das Mitbringen von Hunden erlaubt.

Im Frühjahr wird die Blumeninsel Mainau im Bodensee zu einem blühenden Paradies.

Süden

Historische Altstädte und Alpen

Spargel

13 Nürnberg von seiner Schokoladen- oder Lebkuchenseite?

Rund um die Frankenmetropole

In »Närmberch« angekommen, dürfen sich die Gehörgänge zuerst auf den liebenswerten Dialekt ohne harte Konsonanten eingrooven. »Hoorrch, Hund, moch Bladds« – klingt doch gleich viel freundlicher als ein schroffes »Platz!«. Dann geht es aber auch schon los auf die Erkundungsreise in Nürnberg und in der umliegenden Fränkischen Schweiz.

Eines der Wahrzeichen Nürnbergs ist der legendäre Christkindlesmarkt – einer der ältesten Weihnachtsmärkte in Deutschland. In der Vorweihnachtszeit riecht man schon von Weitem den Duft von Glühwein und Rostbratwurst. Wer außerhalb der Adventszeit anreist, sollte trotzdem die Buden am Marktplatz ansteuern. Die typischen Nürnberger »Broudwärschd im Weggla« duften sicher für ganz viele Zwei- und Vierbeiner allzu verlockend. Wer es lieber vegetarisch mag, greift zu »Baggersla«, was fränkisch verniedlicht so viel wie Reiberdatschi oder Kartoffelpuffer heißt. Aber »allmächd« – Schluss mit Essen, der Hund braucht jetzt dringend eine Gassirunde!

← Wochenmarkt auf dem Hauptmarkt. Im Hintergrund die Frauenkirche, von deren Empore im Advent der Christkindlesmarkt eröffnet wird.

Auslauf für Mensch und Tier

Auslaufmöglichkeiten gibt es zum Beispiel im Nürnberger Reichswald, dem »Schdeggerlaswald«, in der nahen Umgebung der Stadt oder in den rund 17 Hundeausläufen im Nürnberger Stadtgebiet – vom Volkspark Marienberg im Norden bis zum Entengraben ganz im Süden. Hier können sich Vierbeiner ohne Leine frei austoben. Im Rest der Stadt und in den öffentlichen Grünanlagen gilt Leinenpflicht für Hunde einer Schulterhöhe von 50 Zentimetern, sonst riskiert man ein saftiges Bußgeld.

Ganz im Zeichen der Burg

Die Burg, das berühmte Wahrzeichen von Nürnberg, war bereits im Mittelalter eine der bedeutendsten Kaiserpfalzen. Die zweigeteilte Festungsanlage besteht aus Kaiserburg und Burggrafenburg. In der Burggrafenburg war, wie der Name schon erahnen lässt, der Burggraf zu Hause, in der Kernburg residierten einst Kaiser und Könige. Die Nürnberger Burg stand repräsentativ für die Macht des Heiligen Römischen Reichs Deutscher Nation und der Reichsstadt Nürnberg. Hier wurden zahlreiche Reichsversammlungen abgehalten. Im Jahr 1356 bestimmte Kaiser Karl IV. zudem, dass jeder neu gewählte Herrscher seinen ersten Hoftag in Nürnberg abhalten sollte, und stärkte so die Bedeutung der Stadt. Nach dem Zweiten Weltkrieg lag die Kaiserburg größtenteils in Trümmern und musste im folgenden Jahrzehnt fast gänzlich neu erbaut werden. Die Außenanlage der Burg können Sie auch mit Hund erkunden. Zu empfehlen ist hier die Broschüre »Lebensraum Burg«, die an der Kasse der Kaiserburg erhältlich ist. Der hier beschriebene Weg steuert sieben Stationen im Burgbereich an – darunter Keller, Türme und Mauer, in denen sich heimliche Burgbewohner eingenistet haben. Das Projekt möchte einen Blick auf die Artenvielfalt und versteckten Lebensräume aufzeigen, an denen wir sonst vielleicht achtlos vorbeigehen würden. Auf dem Sinwellturm aus dem 13. Jahrhundert sind übrigens häufig Wanderfalken zu Hause. Vom ehemaligen Wehrturm aus können Sie den grandiosen Blick über Nürnbergs Altstadt genießen. Nach dem Abstieg sollten Sie unbedingt in einen der Biergärten einkehren, die am Fuße der Burg liegen, und dort ein Kaltgetränk genießen. Denn Genuss steht in Franken immer an oberster Stelle.

Mehr Mittelalterflair erwartet Sie in der Nürnberger Altstadt – etwa im Handwerkerhof am Königstor, in dem Sie kleine Läden mit typischer Handwerkskunst und Stände mit Spezialitäten wie Rostbratwurst, Lebkuchen und fränkischem Bier finden. Mit der Weißgerbergasse findet man eine der besterhaltenen Straßenzüge aus dem Mittelalter, und im ehemaligen Gerberviertel in der Sebalder Altstadt fühlt man sich in vergangene Zeiten katapultiert.

Eine Stadtführung auf ganz neue Weise bietet das Geocaching entlang des Ufers der Pegnitz. Dazu lädt man sich am besten vorab eine der zahlreichen kostenlosen Geocaching-Apps auf das Smartphone. Die Nürnberger Tour beginnt in der Nähe der Fischergasse 11. Bewaffnet mit Stift, Papier und Kompass gilt es nun, die neun Fragen auf den Tafeln »Nürnberg und die Pegnitz – die Stadt und der Fluss« zu lösen. Bis man den Schatz gefunden hat und wieder in der Innenstadt angelangt ist, dauert es etwa eine Stunde. Bestimmt findet Ihr Hund die Geocaching-Tour ebenfalls aufregend, denn es gibt unterwegs jede Menge Gerüche zu erschnüffeln und unzählige Mäuselöcher zum Buddeln. Falls feuchteres Wetter herrscht, sind Gummi- oder zumindest wasserdichte Stiefel für den Pfad angebracht.

Tipp

AUSLAUF

In Nürnberg gibt es einige Hundwiesen, auf denen Ihr Hund frei herumtollen darf. Der Marienberg im Norden der Stadt bietet gleich zwei Spielwiesen für Vierbeiner. Weitere Auslauforte finden Sie auf dem Flyer der Stadt unter www.nuernberg.de unter dem Stichwort »Hunde in der Stadt«.

»Im Gerberviertel fühlt man sich in vergangene Zeiten katapultiert.«

↑ Die Kaiserburg hoch über der Stadt – das Wahrzeichen von Nürnberg
↓ Aussicht von der Stadtmauer auf die Altstadt Nürnbergs mit typisch fränkischen Fachwerkbauten, links oben die Kaiserburg

Ausflug ins Fränkische Seenland

Falls die Temperaturen schon höher klettern, können Sie von Nürnberg aus einen Abstecher an den Kleinen und Großen Brombachsee im Fränkischen Seenland machen. Am Großen Brombachsee laufen Sie vom Strandhaus Enderndorf über zwei Dämme und landen dann an der Badehalbinsel Absberg. Ganz am hintersten Eck befindet sich der Hundestrand. Hier können Sie mit Ihrer Fellnase gemeinsam schwimmen – oder auf dem kostenfreien Hundespielplatz, der unter anderem mit einer Wippe und einem Parcours zum Balancieren ausgestattet ist, trainieren. Ihr Vierbeiner kann hier Kopf und Körper zum Einsatz bringen.

»Teufelshöhle, Sophienhöhle, Binghöhle – erkunden Sie unterirdische Wunderwelten.«

Teufelshöhle und Walberla

Vor den Toren der Stadt wartet die Fränkische Schweiz – die Region zwischen Bamberg, Bayreuth und Nürnberg ist ein riesiger Abenteuerspielplatz

mit zahlreichen Ausflugsideen. Hier warten in luftiger Höhe mittelalterliche Burgen und Schlösser auf ihre Entdeckung, aber auch eine geheimnisvolle Welt in der Tiefe. Mehr als tausend Höhlen machen die Fränkische Schweiz zur höhlenreichsten Region Deutschlands. Drei der Höhlen sind touristisch erschlossen: die spektakuläre Tropfsteinhöhle Binghöhle bei Streitberg, die unheilvoll klingende Teufelshöhle bei Pottenstein und die Sophienhöhle im Ailsbachtal. Die Teufelshöhle ist die größte davon. Bei einer Führung, bei der ihr Hund an der Leine mitlaufen darf, erkunden Sie eine unterirdische Wunderwelt. Dabei benötigen Sie und Ihr Vierbeiner durchaus etwas Kondition, denn rund 400 Stufen sind dabei zu bewältigen. Es lohnt sich!
Statt in die Tiefe geht es jetzt nach oben auf das Walberla. Der markante, sagenumwobene Tafelberg bei Forchheim, der eigentlich Ehrenbürg heißt, besteht aus zwei Kuppen. Auf einer davon steht die hübsche Walburgiskapelle. Auf dem Walberla feiert man am ersten Sonntag im Mai regelmäßig das Walberla-Fest, ein traditionelles Frühlingsfest, das wohl bis in die Zeit der Kelten zurückgeht. Rund ums Walberla warten zudem einige Wanderwege durch das Fränkische Obstanbaugebiet, etwa der neun Kilometer lange »Pretzfelder Kirschenlehrpfad« mit einigen Schautafeln. Passend zum Frühlingsfest präsentiert sich hier im größten Kirschanbaugebiet Deutschlands ein herrliches Blütenmeer. Im Juni steht die Ernte an. In den lokalen Brennereien können Sie dann die Kirschen in flüssiger und hochprozentiger Form kosten.

↑ Der Brombachsee: Naherholungsgebiet im Fränkischen Seenland
↙ Blick von der Maxbrücke aus auf die Pegnitz und die Nürnberger Altstadt

Tipp

FREILANDMUSEUM

Das Fränkische Freilandmuseum Bad Windsheim am Südrand der Altstadt von Bad Windsheim erstreckt sich über ein riesiges Museumsgelände. Das Beste: Ihr Hund darf das Gelände mit Ihnen erkunden (www.freilandmuseum.de).

RADFAHREN

Mit dem Rad lassen sich das Nürnberger Umland und die Fränkische Schweiz erkunden – zum Beispiel das Wiesenttal. Der gut 65 Kilometer lange Fränkische-Schweiz-Radweg führt von Forchheim bis Muggendorf überwiegend am Ufer der Wiesent entlang.

MARKT WIESENTTAL

Hier schlägt das Herz der Ferienregion Fränkische Schweiz. Muggendorf und Streitberg sind die ältesten Luftkurorte der Region.

ÜBERNACHTEN

Mit Ihrem Hund können Sie in Nürnberg direkt in der Altstadt im Hotel am Jakobsmarkt Quartier nehmen. Pro Hund fallen Kosten von 10 Euro an (www.hotel-am-jakobsmarkt.de). Der Campingplatz bei Pottenstein in der Fränkischen Schweiz erlaubt Hundegäste. Die Gebühr beträgt 3,90 Euro pro Tier (www.campingplatz-fraenkische-schweiz.de/).

14 Zeitreisen in der Schwäbischen Alb

Romantische Schlösser und Tropfsteinhöhlen

Hätten Sie es gewusst? Die Schwäbische Alb ist eine der burgen- und schlösserreichsten Regionen Deutschlands. Hier können Sie mit Ihrem Vierbeiner auf Zeitreise gehen, die Relikte einer prunkvollen Vergangenheit bewundern und dabei reichlich Kultur und Natur erleben.

Die Schwäbische Alb ist ein Eldorado für Wanderfans. Auf den über 640 Kilometern an Prädikatswanderwegen wie dem Albsteig, dem ältesten Hauptwanderweg der Schwäbischen Alb, gibt es für Sie und Ihren Vierbeiner genügend Auslauf. Auf den einzelnen Etappen der Wanderwege reihen sich zahlreiche Höhepunkte der Schwäbischen Alb aneinander. Der Uracher Wasserfall im Maisental südwestlich von Bad Urach ist eines der Highlights. Bei diesem besonderen Naturschauspiel stürzt das Wasser aus 37 Metern über eine Tuffsteinkante tosend ins Tal. Der Weg zum Wasserfall ist etwa zwei Kilometer lang und führt vom Wanderparkplatz P23 entlang des Brühlbachs. Dabei können Sie sich auf abwechslungsreiche Natureindrücke freuen. Am Rande des Wasserfalls geht es durch eine malerische Auenlandschaft, und schon bald bekommt man das stete Rauschen des Wasserfalls zu hören. Auf steilen Stufen steigt man dann nach oben, wo sich das Wasserspektakel aus der Höhe bestaunen lässt. Übrigens: Wenn es im Winter einige Tage lang richtig kalt gewesen ist, kann es passieren, dass der Wasserfall gefriert – ein zauberhafter Anblick!

Tipp

FREIZEITPARK TRAUMLAND

Der Park Traumland auf der Bärenhöhle in Sonnenbühl mit Fahrgeschäften, Ponyreiten, Spielplatz und Streichelzoo ist perfekt geeignet für Familien. Hunde an der Leine dürfen gern mitgebracht werden (www.freizeitpark-traumland.de).

→ Hoch oben auf einem Felsvorsprung thront Schloss Lichtenstein, »Württembergs Märchenschloss« im neugotischen Stil.

↑ Eiszeitkunst aus der Vogelherdhöhle im Lohnetal: Das aus Mammutelfenbein geschnitzte Figürchen ist über 30 000 Jahre alt.
↓ Das Hohenzollernschloss in Sigmaringen, vom Westen aus gesehen

Romantische Schlösser und Burgen

Ein kultureller Höhepunkt auf der Alb ist Schloss Lichtenstein. Der prachtvolle Bau wird zu Recht als »Märchenschloss Württembergs« bezeichnet. Es liegt am Albtrauf der Schwäbischen Alb und wurde 1840 bis 1842 im neugotischen Stil auf mittelalterlichen Fundamenten erbaut – und zwar als weltweit einziges Schloss nach einer Romanvorlage! Vorbild war der Roman *Lichtenstein* (1826) von Wilhelm Hauff (1802–1827). Hunde an der Leine sind im Schlosshof erlaubt und kleine Vierbeiner dürfen sogar an der 30-minütigen Führung durch das Schloss teilnehmen, wenn man sie dabei trägt. Doch es gibt noch mehr Burgen in der Region zu besichtigen! Die Burg Hohenzollern liegt südlich von Tübingen, am Rand der Schwäbischen Alb. Das Bauwerk mit seinen Türmchen, Erkern und Zinnen erhebt sich malerisch hoch oben auf einem Felssporn. Die 1000 Jahre alte Burganlage verdankt ihr romantisches Aussehen einem Neubau aus dem 19. Jahrhundert. Vom Parkplatz P1 aus erreicht man das Eingangstor der Hohenzollernburg in 25 Minuten über einen steilen Weg und Treppen.

Ein Gewässer in mystischem Blau

Etwas abseits des Albsteigs, aber unbedingt einen Abstecher wert, ist der sagenumwobene Blautopf am Ostrand der Schwäbischen Alb. Im Norden von Blaubeuren gelegen, hat das besondere Gewässer die Menschen mit seinem leuchtend blauen Wasser schon seit jeher in den Bann gezogen. Der Blautopf ist wundersam, ein Ort der Mythen und Geschichten. Schon Eduard Mörike (1804–1875) erzählt das Märchen von der schönen Lau, einer Wassernixe, die durch den Verlust ihres Kindes so traurig geworden war, dass ihr Mann sie kurzerhand in die Blautopfquelle verbannte. Rund um die geheimnisvolle Karstquelle können Sie zu jeder Jahreszeit mit Ihrem Vierbeiner wandern. Ein Weg führt in einer halben Stunde um den Blautopf. Eine längere Tour bietet der Eiszeitpfad Blaubeurer Felsensteig. Auf der etwa zehn Kilometer langen Strecke geht es von Blaubeuren in den Wald, vorbei am Felsenlabyrinth, in dem sich die Brillenhöhle befindet. Funde aus der jüngeren Altsteinzeit geben Einblicke in die Lebensverhältnisse der Steinzeit. Die Schwäbische Alb ist durchzogen von Tausenden solcher Höhlen.

Tipp

UNIVERSITÄTSSTADT

Tübingen ist bekannt für seine traditionsreiche Universität, aber auch für zahlreiche schmucke Fachwerkhäuser. Ein Spaziergang durch die Stadt und entlang des Neckarufers macht auch Ihrem Hund Spaß.

> »Der Blautopf ist wundersam, ein Ort der Mythen und Geschichten.«

Es lohnt sich also, einen Blick unter die Oberfläche zu werfen. Die Vogelherdhöhle bei Niederstotzingen zählt zu den bedeutendsten Fundstellen der Steinzeitkultur. Elf Figuren aus Mammutelfenbein, schätzungsweise an die 32 000 Jahre alt, wurden hier entdeckt. Rund um die Höhle erfährt man im Archäopark Vogelherd in Niederstotzingen an Erlebnisstationen Spannendes über die Steinzeit. Hunde sind hier willkommen, doch haben sie zu den besonders gekennzeichneten Bereichen keinen Zutritt (www.archaeopark-vogelherd.de).

Eine weitere für Besucher geöffnete Höhle ist die Bärenhöhle bei Erpfingen. Knochenfunde zeugen davon, dass einst Nashörner, Hyänen, Höhlenlöwen und Höhlenbären in der Tropfsteingrotte lebten. Die Bärenhöhle entführt in die faszinierende Unterwelt. Beim Besuch, bei dem Sie auch Ihren Hund mitführen dürfen, geht es durch riesige unterirdische Hallen. Dabei gibt es nicht nur beeindruckende Tropfsteingebilde zu bestaunen, sondern auch das namengebende Skelett eines Höhlenbären, der hier während der Eiszeit lebte. Die »Zwei-Höhlen-Tour« verbindet auf rund 18 Kilometer Strecke die beiden Schauhöhlen Bärenhöhle und Nebelhöhle mit dem Schloss Lichtenstein. Neben den beiden Schauhöhlen gibt es in der Region zahlreiche Naturhöhlen. Wenn kein Verbotsschild für Hunde angebracht ist, können Sie die Höhlen im Sommer frei begehen und ihren Hund an der Leine mit auf Erkundungstour nehmen. Für Wanderungen in der Schwäbischen Alb mit vielen steileren Passagen und Stufen sollte Ihr Hund aber körperlich fit sein.

Es wird städtisch!

Wer es urbaner mag, kann durch die charmanten Städte der Region schlendern und bei einer Pause in einer der zahlreichen Gaststätten schwäbische Spezialitäten wie Maultaschen oder handgeschabte Spätzle genießen. Am nordöstlichen Ende der Schwäbischen Alb liegt Heidenheim an der Brenz.

»In Reutlingen die engste Straße der Welt bewundern«

↑ Bizarre Eisskulptur: der Uracher Wasserfall nach einigen Tagen klirrender Minusgrade
↙ Die alte Mühle am geheimnisvollen Blautopf in Blaubeuren

Das Wahrzeichen der Stadt ist schon von Weitem sichtbar, thront es doch auf einem hohen Felsen: Schloss Hellenstein. Mit dem angeleinten Hund können Sie durch den Wildpark Eichert auf den Schlossberg spazieren und im Park mit seinen großzügigen Wildgehegen eine Runde drehen. Wer gern auf Shoppingtour geht, ist in Balingen richtig. Hier gibt es viele Geschäfte, und für eine Pause laden Cafés in der Fußgängerzone ein. Bei einem Kaffee und einem großen Stück Kuchen kann man den Leuten zugucken und herrlich entspannen! Frisch gestärkt geht's für einen kurzen Fotostopp weiter zum Zollernschloss und danach in den Freizeitpark Seerosengarten, in dem Kinder Tretboot oder Seilbahn fahren können. Hunde sind hier willkommen. Fachwerk-Romantik gibt es in Reutlingen, dem »Tor zur Schwäbischen Alb«. Zu bewundern gibt es hier die engste Straße der Welt: Die Spreuerhofstraße ist an ihrer schmalsten Stelle 31 Zentimeter breit! Ein Spaziergang auf die 707 Meter hohe Achalm, den Hausberg der Stadt, wird mit einem spektakulären Blick auf die Schwäbische Alb belohnt.

Tipp

KAHNFAHRT

Ein besonderes Erlebnis ist eine Fahrt mit dem Stocherkahn in Tübingen. Hunde dürfen mit auf das Boot (www.stocherkahn-tuebingen.neckar-caruso.de).

EINKEHREN

Wenn Sie die Burg Lichtenstein besuchen, lohnt sich ein Abstecher im Forellenhof Rössle, wo es hervorragenden Fisch gibt.

AUF DEN ROSSBERG

Der Rossberg bei Reutlingen mit 869 Metern erhebt sich an die 100 Meter über dem Roßfeld. In rund 20 Minuten kann man von hier nach oben wandern.

ÜBERNACHTEN

Schon einmal in einem Holzhaus auf Stelzen übernachtet? Im hundefreundlichen Baumhotel Auszeit in Kammeltal (Ortsteil Behlingen) können bis zu sechs Personen plus Hund in den individuellen Häuschen übernachten (www.baumhotel-auszeit.de). In Tübingen sind Sie mit Ihrem Vierbeiner im historischen Hotel Krone willkommen (www.krone-tuebingen.de). In Bad Urach lädt das Hotel Quellenhof zum Urlaub mit Hund ein. (www.quellenhof-badurach.de).

15 Die Stars im Fünfseenland – Starnberger See und Ammersee

Wo der bayerische Himmel im Wasser glitzert

Das Fünfseenland rund um den Starnberger See und den Ammersee zählt zu den schönsten Landschaften Bayerns. Ob Seeumrundungen, der Sprung ins kühle Nass oder Faulenzen am Ufer – alles spielt sich in und am Wasser ab. Mit Hund gestaltet sich das mitunter schwierig. Wir helfen!

Für Vierbeiner ist in dieser Region ein Sprung ins kühle Nass vom 15. Mai bis 15. September eher mit einem Spießrutenlauf verbunden. Vor allem in den Schutzgebieten rund um die Seen, im Wald und insbesondere zur Brutzeit im Frühjahr können Hunde daher hier nicht frei laufen. In den Erholungsgebieten wie in Kempfenhausen am Starnberger See, in Oberndorf am Wörthsee und in Wartaweil am Ammersee sowie auf dem Gelände Pilsensee-Ost sind Hunde von Mitte Mai bis Mitte September sogar komplett verboten. Auch am Weßlinger See ist man während der Sommersaison sehr strikt. Doch was tun, wenn man mit Hund unterwegs ist? In einige Strandbäder dürfen Vierbeiner zumindest angeleint mit – aber nicht ins Wasser, wie bei Raabe am Wörthsee oder im Strandbad Forster in Schondorf. Informieren Sie sich vorab noch einmal genau, welche der Regeln für welchen See gelten. Fassen wir kurz zusammen: Grundsätzlich dürfen Vierbeiner sich am Ammersee freier bewegen als am Starnberger See. Halten Sie am Ammerseeufer nach den Beschilderungen Ausschau, die die hundefreundlichen Areale am östlichen und westlichen Ufer kennzeichnen.

Wer seine Urlaubszeit flexibel gestalten kann, kommt besser außerhalb der Sommersaison ins Fünfseenland und erkundet die oberbayerischen Seen im Herbst. Dann ist an vielen Orten das Hundeverbot aufgehoben. Und wenn sich die Blätter schön bunt färben und der Ansturm an Menschenmassen vorüber ist, kann man den besonderen Charme des Fünfseenlands mit Hund sehr viel entspannter genießen. Nach dem Starnberger See, Ammersee und Wörthsee ist der Pilsensee der zweitkleinste der fünf Seen um Starnberg.

← Wie man mit Hund auf dem SUP am besten unterwegs ist, können Sie bei Bavarianwaters am Pilsensee erfahren.

Stand-up-Paddling mit Hund

Auf dem Campingplatz in Seefeld am Pilsensee wartet bei Bavarianwaters ein Abenteuer auf Sie und Ihren Hund. Nach einer telefonischen Anfrage zeigt Ihnen Betreiber Guido Meier, wie man am geschicktesten mit dem Vierbeiner auf dem See mit einem Board unterwegs ist. Stand-up-Paddling ist von der Kondition her nicht zu unterschätzen, aber notfalls wird daraus dann eben ein Sit-up-Paddling. Mehr Infos zum SUPen mit Hund finden Sie auf der Website unter: www.bavarianwaters.com. Idyllisch geht es auch auf dem elf Kilometer langen Pilsensee-Rundweg zu oder Sie spazieren vom Campingplatz Pilsensee hoch zu Schloss Seefeld. Schloss Seefeld ist seit Mitte des 15. Jahrhunderts in Besitz der Familie der Grafen zu Toerring-Jettenbach, die großen Wert auf den Erhalt der historischen Anlage legen. Und so wird das Schloss seit Jahrzehnten renoviert, gehegt und gepflegt.

»Der ›Heilige Berg‹ Andechs ist nach Altötting der zweitgrößte Wallfahrtsort in Bayern.«

Kommt man über die Schlossbrücke durch den Torbogen in den Hof, wartet gleich eine Überraschung: Hier gibt es neben kleinen Atelierläden von Künstlern sogar ein Kino – und natürlich gibt es im Schloss auch eine Schlosswirtschaft, bei der es sich lohnt, einzukehren.

Tipp

SCHIFFFAHRT MIT HUND

Auf den Schiffen, die auf dem Starnberger See und dem Ammersee unterwegs sind, dürfen Hunde gegen einen kleinen Obulus mitfahren. Sie müssen angeleint werden und hin und wieder wird auch das Tragen eines Maulkorbs verlangt. Packen Sie also am besten einen Maulkorb ein. Außerdem wird darum gebeten, dass Hunde nicht nass an Bord gehen (www.seenschifffahrt.de).

Der »Heilige Berg« und das Bier

Von Schloss Seefeld aus geht es zu Fuß weiter zum »Heiligen Berg« nach Kloster Andechs. Für diese Tour sollte man etwa zwei Stunden einplanen. Vom Schlosshof führt gleich hinter dem Eingangstor links der Weg in den Schlosspark hinunter. Unten an der Gabelung halten Sie sich rechts Richtung Höllgraben, wo der Weg idyllisch an einem Bächlein entlangführt. Immer weiter durch romantischen Buchenwald geht es dann bis nach Herrsching. Hier verläuft die Route mit einer leichten Steigung durch das Kiental mit dem Kienbach. In diesem Urwald überqueren Sie zwei Brücken. Übrigens: Im Kienbach kann sich Ihr Hund zwischendurch wunderbar erfrischen – der Mensch natürlich auch, sofern es noch warm genug ist. Achten Sie auf die Wegweiser, damit Sie nicht vom Pfad abkommen. Zum Schluss der Tour muss man dann noch zwei längere Treppen hinauf – und dann ist es geschafft! Der »Heilige Berg« Andechs ist nach Altötting der zweitgrößte Wallfahrtsort in Bayern. Touristenscharen strömen deshalb in die Wallfahrtskirche und zum Kloster. Hier wohnen und arbeiten Benediktinermönche, deren Klosterbrauerei weltbekannt ist. Sie gilt heute als Deutschlands größte authentische Brauerei, die durch eine existierende Ordens-

↑ Passagierschiff der Weißen Flotte in Herrsching am Ammersee
↓ Segelboote am Starnberger See

gemeinschaft konzernunabhängig geführt wird. Gebraut und abgefüllt wird ausschließlich vor Ort auf dem »Heiligen Berg«. Im Bräustüberl kann man das berühmte Andechser Bier gleich verkosten und den herrlichen Blick vom Klosterberg weit übers Land bei einem deftigen Mittagsschmaus genießen.

Raddampfertour über den Ammersee

Interessanterweise gehört der Ammersee trotz seines kalten Gebirgszuflusses zu einem der wärmsten Seen in Bayern. Wer dennoch lieber im Trockenen bleibt, kann bei einer Fahrt mit einem der nostalgischen Raddampfer ganz entspannt über den glitzernden Ammersee gleiten. Hunde werden auf dem Schiff auch ohne Maulkorb für 3 Euro befördert. Nehmen Sie mit dem Raddampfer am besten von Herrsching aus die Route über Riederau und Holzhausen nach Utting – einem Ort mit Potenzial zum Lieblingsort. Von Bord aus lassen sich die am Seeufer eingewachsenen Naturflächen in aller Ruhe betrachten. Erwähnt werden muss, dass die Naturschutzgebiete »Vogelfreistätte Ammersee Südufer« und das Ampermoos zu den bedeutendsten Feuchtgebieten in Europa zählen. Wenn Sie also nach der Schiffstour mit Ihrem Hund am Ufer und nah am Schilf untwegs sind, achten Sie darauf, dass Sie keine Wasservögel stören.

»Der Starnberger See – Lieblingsort des Bayrischen Adels«

↑ Sonnenaufgang am Ammersee
↙ Der »Heilige Berg« Kloster Andechs mit der Wallfahrtskirche, der Klosterbrauerei und dem Bräustüberl mit Biergarten

Als der Starnberger See schon Lieblingsort des Bayerischen Adels war, galt der Ammersee aufgrund seiner ländlichen Prägung noch als »Bauernsee«. Genau das lockte Künstler und Künstlerinnen, die sich im 19. Jahrhundert nach dem ursprünglichen Leben sehnten, hierher. Wenn in den Sommermonaten rund um den See die schönen Promenaden und Wiesen von Besuchern bevölkert sind, chartert man einfach beim Bootsverleih Ernst ein Helios-Kielboot und schippert mit dem Vierbeiner mit Blick auf die Alpen über die wogenden Wellen. Wer keinen Segelschein hat, muss aber nicht an Land bleiben! Beim Bootsverleih gibt es auch Tret- und Ruderboote.
Der größte See im Münchner Umland ist auch der beliebteste: der Starnberger See. Hier hatten die Wittelsbacher ihren Sommersitz und Märchenkönig Ludwig II. ging hier in den Tod. Heute ist der See vor allem ein Ort für die mit dem nötigen Kleingeld. Ein Besuch mit Hund am See ist im Sommer keine gute Idee, denn dann dürfen Vierbeiner auch mit Leine nicht auf die Wiesen am Ufer. Außerhalb des Sommers kann man jedoch mit Vierbeiner den See erkunden. Ausgewiesene Hundewisen gibt es am Prinzen- und Almeidaweg – und am »Almeida-Berg« ist das Toben ausdrücklich erlaubt.

Tipp

EISSTOCKSCHIESSEN

Im Winter friert der kleine Pilsensee oft zu. Dann wird der See zu einem Abenteuerspielplatz. Die Eisfläche lockt nicht nur die, die gern mit Schlittschuhen über das Eis gleiten, sondern es wird auch mit viel Einsatz Eisstockschießen gespielt (www.fuenfseen.de/eisstockschiessen).

LABYRINTH

Von Juli bis September öffnet in Utting am Ammersee das Ex Ornamentis, ein riesiges Maislabyrinth mit Hanf und Sonnenblumen, seine Tore. Der Hund, der umsonst, aber angeleint mitdarf, kann sich als nützlicher Helfer beim Suchspiel erweisen. Ein Riesenspaß (www.exornamentis.de)!

ÜBERNACHTEN

Die Ferienwohnung »Immas Welt« liegt über eine Außentreppe erreichbar im Dachgeschoss des Architektenhauses in Utting-Holzhausen (www.ferienwohnung-mit-hund.com). Auf dem Campingplatz Pilsensee sind Hunde gegen Aufpreis erlaubt. Es gibt Leinenpflicht (www.camping-pilsensee.de).

16 Berchtesgadener Land – auf in die Berge!

Der Yellowstone-Park der deutschen Alpen

Hochalpines Gebirge, malerische Bauerndörfer, Solequellen – diese Kombination ist so einzigartig, dass die UNESCO das Berchtesgadener Land als Deutschlands einzige alpine Biosphärenregion ausgezeichnet hat. Und das garantiert unvergessliche Naturerlebnisse!

Urwüchsige Täler und wilde Natur: Die Alpen bieten für Reisende mit Hund eine reizvolle Umgebung. Zahlreiche Wanderrouten, vor allem im 210 Quadratkilometer großen Nationalpark Berchtesgaden, laden zu einem aktiven Urlaub ein. Im einzigen Nationalpark der deutschen Alpen ist der Steinadler der unbestrittene König unter den Tieren. Deutschlandweit gibt es nur noch wenige Paare, die alle entlang der bayerischen Alpen leben. Mit Glück können Sie vielleicht einen davon beim Blick in den weiten Himmel erspähen.

Mit über 250 Kilometer Wanderwegen und Klettersteigen ist der Nationalpark ein Wanderparadies, in das man, wenn man einmal da war, immer wieder zurückkehren möchte. Dabei muss man kein alpiner Profi sein, um die Region zu entdecken. Das Schöne am Berchtesgadener Land ist, dass man Touren ganz nach individuellem Geschmack und der Abenteuerfreude des Hundes aussuchen kann – von einfachen barrierearmen Spaziergängen bis hin zu anspruchsvollen Tageswanderungen.

Unvergesslicher Panoramablick

Beste Aussicht gibt es vom 1874 Meter hohen Jenner. Mit der Kabinenbahn geht es von Schönau am Königssee nach oben. Die Fahrt in der Gondel, bei der Sie den Blick über das herrliche Gipfelpanorama schweifen lassen können, ist auch für Hunde erlaubt und dauert rund 20 Minuten. Oben angekommen führt ein leichter Spaziergang mit vereinzelten Stufen in weniger als einer Viertelstunde zur Aussichtsplattform. Dort wartet ein Ausblick, der einem schier den Atem nimmt: Das Berchtesgadener Land mit dem funkelnden Königssee und auch der Untersberg und das Steinerne Meer breiten sich vor einem aus. Absolut bezaubernd!

← Die Stadt Berchtesgaden mit der beeindruckenden Kulisse des Watzmanns (2713 m)
↗ Im Nationalpark gibt es auch Tagestouren entlang der Gebirgsflüsse mit dem Hund.

Das ewige Echo

Seen gibt es in den Alpen viele, der berühmteste unter ihnen ist aber ganz klar der Königssee. Der Wanderweg an der rauschenden Ache entlang wurde 2016 vom Deutschen Volkssportverband e. V. (DVV) zu einem der schönsten Wanderwege gekürt. Das mit gutem Grund, denn der Weg führt durch lichten Wald mit grün bewachsenen Steinen und durch eine malerische Natur. Wer Lust und Zeit hat, macht einen kleinen Abstecher von der Seelände aus zum Malerwinkel. Von dort hat man einen sensationellen Blick auf den Königssee und die Wallfahrtskirche St. Bartholomä. Doch wir wollen natürlich den berühmten, kristallklaren, fjordartigen Königssee auch überqueren. Da die kleinen Elektromotorboote eher beengte Platzverhältnisse bieten, herrscht

Tipp

KURORT

Bad Reichenhall ist vor allem wegen des berühmten Speisesalzes weltbekannt, dem Bad Reichenhaller Alpensalz. Ein kleiner Rundgang durch die Stadt führt vorbei an prunkvollen Gebäuden und alten Villen.

hier für den Hund Maulkorbpflicht. Bei dieser Fahrt wird man Zeuge des berühmtesten Echos Deutschlands: Nach 15 Minuten holt der Bootsführer eine Trompete hervor und schmettert eine bayerische Weise an die Echowand. Und tatsächlich: Es schallt zurück, und wie! Von der Station Salet Obersee am hinteren Ende des acht Kilometer langen Sees, die allerdings nur im Sommer angefahren wird, führt ein schöner Weg zum ruhigeren Obersee. Von dort geht es weiter, und zwar recht steil nach oben zur Fischunkelalm und zum Röthbach-Wasserfall.

»Zeuge des berühmtesten Echos Deutschlands«

Legendär ist der Watzmann. Die fünfstündige Tour zum Watzmannhaus ist aber eher etwas für erfahrene Tourengeher. Wir raten deshalb, den Weg über die Wimbachbrücke in Ramsau mit dem Hund zu nehmen. Über die Stubenalm gelangen Sie so in vier Stunden zum Watzmannhaus.

Die Wimbachklamm ist ein beliebtes und beeindruckendes Ausflugsziel. Doch Vorsicht: In der Klamm kann es ziemlich laut werden. Das Getöse, dass der Wildbach fabriziert, wenn er sich durch die enge Felsschlucht zwängt, ist ohrenbetäubend. Über Brücken und Stege geht es nun durch die Klamm und dabei werden Sie von Wasserfällen begleitet. Meist ist die Wimbachklamm gut besucht – vor allem im Sommer. Wer kann, sollte einen Besuch daher außerhalb der Wochenenden planen.

Natürlich darf bei einem Urlaub im Berchtesgadener Land ein Besuch in Berchtesgaden nicht fehlen. Hier können Sie beim Rundgang die Lüftlmalerei an den prächtigen Bauernhäusern bewundern. Das Nationalparkzentrum »Haus der Berge« stimmt mit sehenswerten Ausstellungen, allen voran der 900 Quadratmeter großen »Vertikalen Wildnis«, auf die Natur der Region ein. Hunde müssen zwar draußen bleiben, können in großen abschließbaren Hundeboxen warten (www.nationalpark-berchtesgaden.bayern.de/infostellen/haus_der_berge/index.htm).

↗ Der Königssee in Berchtesgaden
← Ein beeindruckendes Naturelebnis: Hölzerne Stege führen durch die Wimbachklamm bei Ramsau, durch die sich das wilde Wasser schäumend und tosend drängt.

Tipp

GÄSTEKARTE

In Unterkünften erhalten Sie die Gästekarte der Tourismusregion Berchtesgaden-Königssee, mit denen Sie Busse der RVO in vielen Gemeinden kostenlos und mit angeleintem Hund nutzen können.

LEINENPFLICHT

Zum Schutz der Wald- und Wiesenbewohner und Weidetiere müssen Hunde im Nationalpark angeleint werden. Außerhalb und auf weniger frequentierten Wegen können Vierbeiner frei laufen.

BERGTOUREN MIT HUND

Weitere empfehlenswerte Touren mit Hund sind: Grünstein, Blaueishütte, Alm-Erlebnisweg Ramsau und Toter Mann. Denken Sie dabei auch immer an die Kondition Ihres Hundes! Mehr Infos unter www.berchtesgaden.de.

ÜBERNACHTEN

Mit Ihrem vierbeinigen Begleiter sind Sie ein willkommener Gast im Siglbauernhof Heininger im Ortsteil Oberheining in Laufen an der Salzach (www.siglbauernhof.de) oder im Landhaus Waldhauser in Schönau am Königssee, am Fuß des Grünsteins und nur 2 Kilometer entfernt vom See (www.ferienwohnungen-koenigssee.net/landhaus-waldhauser).

Schiff ahoi!

Mit Hund auf einem Hausboot

Den Hund vorab ans Boot gewöhnen

Wenn Ihr Hund zum ersten Mal ein Boot betritt, kann das für ihn aufregend sein. Während man kleine Hunde einfach auf das Boot tragen kann, müssen größere Hunde diesen Schritt selbst wagen. Fangen Sie klein an und üben Sie das Besteigen und Verlassen des Bootes, damit sich Ihr Vierbeiner an das Schaukeln gewöhnt. Am besten kommt Ihr Hund über eine stabile Brücke oder Treppe auf das Boot. Bleiben Sie ruhig und vermitteln Sie Ihrem Hund Zuversicht. Vielleicht gehen Sie auch erst einmal voraus. Falls ein Hund mit von der Partie ist, dem das Bootfahren bereits vertraut ist, erleichtert dies oft das Abenteuer. Im Zweifelsfall helfen ein paar Leckerlis, die auf dem Boot warten.

Das muss mit an Bord!

Nehmen Sie auf Ihre Bootstour für den Hund unbedingt eine Schwimm- oder Rettungsweste oder ein Brustgeschirr mit Henkel mit. Falls der Hund mal über Bord gehen sollte, können Sie ihn so viel leichter zurück aufs Boot befördern. Viele Bootsvermieter bieten zusätzlich ein Beiboot an, was Landgänge auch außerhalb von Häfen erleichtert, besonders wenn Vierbeiner auf Gassirunde gehen müssen.
Im Sommer kann es an Deck des Hausboots sehr heiß werden. Denken Sie an einen Sonnenschirm für das Schlafplätzchen des Hundes an Deck und eventuell an eine selbstkühlende Matte, auf der Ihr Hund ruhen kann.

Hundefreundliche Ziele auf dem Wasser

MECKLENBURGISCHE SEENPLATTE

Das Land der tausend Seen, wie die Mecklenburgische Seenplatte genannt wird, punktet mit ursprünglicher Natur und Ruhe (siehe S. 49). Auf einer Bootstour können Sie hier mit etwas Glück sogar Seeadler beobachten. Hunde sind auf den Booten von Kuhnle willkommen (www.kuhnle-tours.de).

SKIPPERCAMPING AN DER SEENPLATTE

Sie sind mit dem Camper unterwegs? Auch dann geht ein Urlaub auf dem Boot - und zwar mit dem hundefreundlichen »Watercamper« - einer schwimmenden Plattform, mit der Sie die Gewässer der Mecklenburgischen Seenplatte entdecken können. Mit den eigenen vier Wänden und vier Pfoten auf See, das ist doch was! (www.mueritzboot.de)

KOMFORTABEL AUF DER HAVEL

Mit komfortabel und modern eingerichteten Hausbooten über die Havel schippern und das satte Grün genießen kann man mit Booten von »Die Bootschaft«. Abenteuerlustige buchen gleich ein Stand-up-Paddle-Board oder ein Schlauchboot mit. Hunde sind bis zu einer Schulterhöhe von 50 Zentimetern erlaubt (www.die-bootschaft.de).

NATUR PUR AUF DER PEENE

Der »Amazonas des Nordens« heißt es, denn die Peene gilt als einer der letzten naturbelassenen Flüsse in Europa. Der Küstenfluss in Mecklenburg-Vorpommern ist ein Ziel für Naturliebhaber. Hier gibt es auf 80 Kilometern Wasserrevier seltene Tier- und Pflanzenarten (www.well-hausboote.de).

↑ Hund vor einem Hausboot
↖ Die Fahrt auf dem »schwimmenden Haus« ist auch für Vierbeiner ein Abenteuer.

17 Der Chiemgau lockt das ganze Jahr

Badefreuden und Bergglück

Am Chiemsee kommen bei warmen Temperaturen Sommerurlaubsgefühle auf – fast wie am Meer. Doch auch im Winter hat die Region im bayerischen Voralpenland wunderschöne Ausflugsziele für Zwei- und Vierbeiner zu bieten.

Vor den Chiemgauer Bergen liegt der mit 80 Quadratmetern größte See Bayerns ganz idyllisch im Alpenpanorama. Das Seeufer ist an vielen Stellen naturbelassen, sodass sich ruhige Wiesenflächen und Moorlandschaften mit Strandbädern, Seepromenaden und Dörfern abwechseln. Hunde dürfen an den freien Badeplätzen in Übersee, Chieming und Bernau mit ans Wasser. Man kann mit den Dampfern fast das ganze Jahr über den See fahren, und die Gegend rund um das »Bayerische Meer« ist auch in der kalten Jahreszeit ein attraktives Reiseziel. Seil- und Bergbahnen lassen einen mühelos die schönsten Gipfel erklimmen, und Hunde dürfen momentan noch ohne Maulkorb an der Leine mit in die Gondel. Hier ist also für jeden Geschmack der passende Ort dabei. Um zur Anlegestelle der Dampfer zu kommen, steigt man am Bahnhof in Prien in die älteste Dampfstraßenbahn der Welt und tuckert in historischen Waggons mit 14 Stundenkilometern zum Bootsanlegesteg. Für die knapp zwei Kilometer braucht die nostalgische Bahn rund acht Minuten. Hunde dürfen dabei für einen kleinen Aufpreis mitfahren. Gegebenenfalls kann das Tragen eines Maulkorbs gewünscht werden. Der Dampfer fährt stündlich ab und steuert die beiden im Chiemsee liegenden Ausflugsinseln an: Herren- und Frauenchiemsee. Die Herreninsel ist das erste Ziel der Dampferfahrt. Die Insel lockt mit königlicher Schlossidylle. Das unvollendete Märchenschloss von Ludwig II. war eines der letztes Bauprojekte des Königs und sollte selbst Schloss Versailles übertreffen. Es gilt als eine der wichtigsten Sehenswürdigkeiten Deutschlands. Ein kurzer Rundgang in der Gartenanlage des Schlosses muss mit Vierbeiner jedoch genügen, da Hunde nicht mit

← Blauer Himmel und die Bergkulisse des Wendelsteins: Auch im Winter ist der Chiemgau ein lohnenswertes Urlaubsziel – mit und ohne Hund.

»Verirrte Rösser und Nonnen-Marzipan«

ins Schloss dürfen. Doch das macht nichts, denn trotz zahlreicher Besucher kann man in der Gartenanlage noch ein paar schöne ruhige Ecken finden und die Zeit entspannt genießen.
Weiter geht es zur kleineren Fraueninsel, die einen ganz besonderen Zauber versprüht. Bauliche Kraftquelle ist das Kloster Frauenwörth, ein Benediktinerinnenkloster aus dem 8. Jahrhundert. Es wird immer noch von den Klosterfrauen bewirtschaftet. Das Kloster bietet Seminare aus den Bereichen Kunst, Musik, Yoga, Malen und Gesundheit an – auch für Männer und Nichtchristen! Die Nonnen verkaufen übrigens köstliches Marzipan, hausgebackene Lebkuchen und den berühmten Kräuterlikör, dessen Kräuter aus dem hauseigenen Klostergarten stammen.

Vorweihnachtszeit im Chiemgau

An den ersten beiden Adventswochenenden taucht ein zauberhafter Christkindlmarkt die Fraueninsel in festlichen Glanz. Aussteller mit breit gefächertem Angebot präsentieren Kunsthandwerk, ungewöhnliche Geschenke und kulinarische Leckerbissen. Auf einer Bühne wird adventliche Chor- und Instrumentalmusik aufgeführt, und für die Kleinen gibt es ein Märchenzelt, einen Streichelzoo mit Alpakas sowie ein historisches Karussell.

Ein ungewöhnlicher Ort für Weihnachtsmarktfans ist der Waldadvent in Bad Feilnbach. Hier tauchen Hunderte Lichter, Fackeln und Lagerfeuer den Markt im Naturpark in festlichen Glanz und stimmen auf die »staade« (stille) Zeit ein – absolut atmosphärisch. Wer in der Vorweihnachtszeit lieber die Stille in der Natur vorzieht, kann auf einen der zahlreichen Gipfel in der Umgebung wandern oder die historische Zahnradbahn in Brannenburg nehmen und mit Deutschlands ältester Hochgebirgsbahn in rund 20 Minuten auf den 1838 Meter hohen Wendelstein fahren. Hunde müssen hier keinen Maulkorb tragen. Schon seit 1912 bringt die Zahnradbahn Skibegeisterte in das legendäre Skigebiet. Doch vorher muss man acht Galerien, sieben Tunnel und zwölf Brücken überwinden. Der Panoramablick vom Wendelstein reicht vom Wilden Kaiser bis zur Zugspitze und zählt zu den schönsten in den Bayerischen Alpen. Das Wahrzeichen des Wendelsteins ist ein »Kircherl«, das von einem Münchner Kunstprofessor errichtet wurde. Außerdem steht hier oben die kleine Wendelinkapelle, die ein Bauer 1718 aus Dankbarkeit errichten ließ, weil er seine Rösser, die sich im Nebel verirrt hatten, wiedergefunden hatte.

↑ Schneeschuhwanderung durch die verschneite Berglandschaft des Chiemgaus
↙ Winterstimmung am Ufer des Chiemsees mit Blick auf die Fraueninsel und die Kampenwand

Tipp

KAMPENWAND

Schon von Weitem ist die Kampenwand mit dem gezackten Kamm zu erkennen. Man muss kein Kletter- oder Bergprofi sein, um den Panoramablick vom 1669 Meter hohen Berg genießen zu können. Mit der Seilbahn von Aschau aus erreichen gemäßigte Bergfans zu Fuß in zwei Stunden die Bergstation. Hunde dürfen für 5 Euro und an der Leine mit in die Seilbahn.

SCHNEESCHUHWANDERN

Für Mensch-Hund-Teams ist diese sportliche Betätigung während der kalten Jahreszeit wunderbar. In Prien kann man Schneeschuhe für 15 Euro bei Intersport Kaiser ausleihen. Dann noch zwei Skistöcke und es kann losgehen. Für Einsteiger empfiehlt sich eine Wanderung durch das Eichental bei Prien am Chiemsee. Hier geht es durch unberührten Schnee und immer wieder entlang der plätschernden Prien. Aus Rücksicht auf Wildtiere wie bedrohte Schneehühner muss der Hund an die Leine!

ÜBERNACHTEN

Hunde sind willkommen im stilvollen Hotel Gut Ising am Kirchberg in Chieming am Chiemsee (www.gut-ising.de) und im Hotel Seiserhof in Bernau am Chiemsee (www.seiserhof.de).

18 Hoch hinauf im Werdenfelser Land

Am Fuße der Zugspitze

Die Alpenregion ist nicht nur im Winter eine Reise wert. Besonders im Herbst locken im Werdenfelser Land zahlreiche Touren, die auch mit Hund gut machbar sind – und das ganz unabhängig davon, ob Sie und Ihr Vierbeiner bereits bergerfahren sind oder nicht, denn die Region bietet für jeden Anspruch das passende Ziel.

Genießen Sie im Werdenfelser Land das Alpenpanorama – und zwar so weit das Auge reicht. Auch wenn die Burg Werdenfels schon im 17. Jahrhundert verfallen ist, trägt die Region in Oberbayern noch immer ihren Namen. Diese Burg hatte einst die Funktion, eine wichtige Handelsstraße aus Italien zu sichern, denn zu Beginn des 15. Jahrhunderts erlebte die Region eine Glanzzeit im Warenverkehr und sie trägt seither, wenn auch nicht ganz zeitgemäß, den Beinamen »Goldenes Landl«. Ein Burglehrpfad führt auf etwa vier Kilometern zur Burgruine Werdenfels, die zwischen Garmisch und Farchant liegt. Mit Hund läuft man in etwa einer Stunde nach oben und wird auf dem Weg von 15 Schautafeln über historische Begebenheiten informiert. Das Zentrum des Werdenfelser Landes bildet Garmisch-Partenkirchen. Im Jahr 1936 schrieb die Stadt Sportgeschichte, als die Olympischen Winterspiele mit Teilnehmern aus 28 Ländern hier stattfanden. Besichtigen Sie die Große Olympiaschanze, die heute traditioneller Austragungsort des berühmten Neujahrsspringens der Vierschanzentournee ist. Oder spazieren Sie mit Ihrem Hund durch die historische Ludwigstraße. Vor der mächtigen Bergkulisse geht es hier an der alten Sebastianskirche, an gemütlichen Cafés, bunt bemalten Fassaden und reich verzierten Balkonen der Werdenfelser Bauernhäusern vorbei.
Mit dem Auto fährt man vom Stadtzentrum in gut 20 Minuten nach Krün. Eine Besonderheit dieser Gemeinde sind die Buckelwiesen, eine einzigartige grasbedeckte Hügellandschaft. Mit dem Hund können Sie die Schönheit der Alpenwelt des Karwendels

→ In der Partnachklamm im Reintal bei Garmisch-Partenkirchen erhält man einen lebendigen Eindruck von der Naturgewalt der tosenden Partnach.

auf einem Spaziergang zur Kapelle Maria Rast genießen. Von hier aus hat man einen wunderschönen Ausblick auf die umliegenden Gebirgsketten. Am Schlamensee bietet sich für Mensch und Hund an warmen Tagen eine wunderbare Möglichkeit zur Abkühlung während der Wanderung.
Ein Stück weiter südlich von Krün, gleich an der österreichischen Grenze, liegt Mittenwald. Im Luftkurort hat die Brauchtumspflege einen hohen Stellenwert, und Sie können bei Festen oder Umzügen Trachtenvereine, Musikkapellen & Co. hautnah erleben. Beim Gassigehen in Mittenwald, durch das die türkisfarbene Isar fließt, wird Ihnen die Fassadenmalerei auffallen: Zur »Lüftlmalerei« werden auch eigene Stadtführungen angeboten.

Tipp

PARTNACHKLAMM

Gewaltige Wassermassen toben an massiven Felswänden durch die 700 Meter lange Felsenschlucht im Reintal. Vor allem im Winter, wenn das Wetter eisig ist und weniger Menschen unterwegs sind, zeigt sich die Klamm als ein Wunderland aus Eis, Wasser und Felsen. Hunde dürfen an der Leine mitgenommen werden.

Bei Mittenwald liegt der Hohe Kranzberg. Am besten startet man für eine Tour auf den Gipfel an der Talstation des Sessellifts. Bei einer Wanderung auf 1391 Meter Höhe sind grandiose Aussichten garantiert. Außerdem liegen an der Wegstrecke mehrere Seen, in denen Hunde baden dürfen. Im Winter verwandelt sich der Berg zum Rodelparadies.

»Ein wunderbares Potpourri an Ausflugszielen«

Erlebnisreiche Ausflüge im Umland

Das Werdenfelser Land bietet ein wunderbares Potpourri an Ausflugszielen. Ganz weit oben auf der Beliebtheitsskala liegt eines der Märchenschlösser des bayerischen »Märchenkönigs« Ludwig II.: Schloss Linderhof im Ettal. Wenn Sie Ihren Hund im Park an die Leine nehmen und in den Räumlichkeiten des Schlosses auf dem Arm tragen, darf er Sie begleiten. Ein besonderes Highlight des Schlosses ist übrigens die künstliche Venusgrotte, inspiriert von Richard Wagners Oper *Tannhäuser*. Sind Sie auch ein Fan von Wasserfällen? Dann sind die Kuhfluchtwasserfälle etwas für Sie! Von Farchant aus sind sie zu Fuß in einer Stunde zu erreichen. Ganze 270 Meter tief fällt das Wasser hier

↗ Ein Highlight der Region ist Schloss Linderhof bei Ettal – eines der Märchenschlösser von Ludwig II.
← Wer Mittenwald besucht, dem prägen sich vor allem hübsch bemalte Fassaden vor der gewaltigen und allgegenwärtigen Bergkulisse ein.

über drei Stufen tosend in die Tiefe. Besonders während der Schneeschmelze ist der Anblick des herabstürzenden Wassers beeindruckend. Dann gibt es noch einen Ort, den man gesehen haben sollte. Nirgendwo sonst geht es in Deutschland höher hinauf. Wir fahren mit der Bayerischen Zugspitzbahn auf den höchsten Gipfel Deutschlands, die auch Ihren Vierbeiner befördert. Vom Zugspitzgipfel auf 2962 Metern sind sage und schreibe 400 Alpengipfel in vier Bergregionen zu sehen.

Tipp

EIBSEE

Der Eibsee bei Garmisch-Partenkirchen gilt als einer der schönsten Seen in Bayern. Auf dem Rundweg um den See können Sie sich mit Ihrem Vierbeiner selbst davon überzeugen. Wer die Wochenenden meidet und schon früh am Morgen unterwegs ist, kann die zauberhafte Stimmung am See ungestört genießen.

STAFFELSEE

Der See bei Murnau ist ein beliebtes Ausflugsziel und lädt zur Umrundung ein. Hunde dürfen sogar ohne Leine laufen, doch im Waldbereich ist mit Wild zu rechnen.

MEHR INFOS

Wer mehr über die zahlreichen Ausflugsmöglichkeiten und Aktivitäten in der Region erfahren möchte, findet hier noch weitere Informationen: www.zugspitz-region.de.

ÜBERNACHTEN

Mit Hund übernachten können Sie im Wellnesshotel Kranzbach in Krün (www.daskranzbach.de) oder auch im Hotel Königshof in Garmisch-Partenkirchen (www.hotel-koenigshof-garmisch.de).

Unterwegs im Werdenfelser Land auf dem Rundweg um den idyllischen Eibsee bei Garmisch-Partenkirchen

19 Das Allgäu – zwischen Almhütten und Märchenschlössern

Mit Hund am Alpenrand

In der süddeutschen Alpenregion kommen Outdoor-Freunde voll auf ihre Kosten. Lange Wanderungen über Stock und Stein, auf Berge, durch enge Schluchten und um Seen verzaubern aktive Zwei- und Vierbeiner gleichermaßen. Wir haben für Sie die besten Orte erkundet!

Kühe auf grünen Weiden, herrliche Bergpanoramen, gespickt mit malerischen Schlösschen und Seen ... In der Nähe liegen kleine Städte, die mit ihren schmucken Fachwerkbauten ein wenig protzen – es sind Klischees wie diese, die das Allgäu jedoch perfekt beschreiben. König Ludwig II. von Bayern ist es zu verdanken, dass Füssen bis heute die bekannteste Stadt des Allgäus ist. Vor den Toren der höchstgelegenen Stadt Bayerns thront oben auf einem Felssporn das weltberühmte Schloss Neuschwanstein – die pompöse Bleibe des tragischen Märchenkönigs. Zur Besichtigung mit ins Schloss dürfen Vierbeiner leider nicht, doch zum Glück ist Neuschwanstein auch von außen bewundernswert und bei einer Wanderung von Füssen zum Schloss gilt: Der Weg ist das Ziel!

Die Stadt Füssen selbst steht keinesfalls im Schatten des weltberühmten Schlossbaus. Ein Spaziergang durch die Reichenstraße ist ebenso schön wie der Ausblick über die Stadt am Franziskanerkloster.

Das etwa 50 Kilometer westlich von Füssen gelegene Kempten ist ebenfalls einen Tagesausflug wert. Kempten zählt zu den ältesten Städten des Landes. Geschichtsinteressierte flanieren hier mit ihrem Hund durch den Archäologischen Park Cambodunum, die einstige römische Stadt.

Etwas weiter westlich, im Landkreis Ravensburg, liegt Wangen. Auch diese malerische Kleinstadt weiß, wie man Hund und Halter unterhält. Der Ort schmückt sich mit zahlreichen kunstvollen Brunnenanlagen, die man bei der Führung »Auf den Spuren des Wassers« kennenlernen kann. Dieser Spaß findet komplett im Freien statt – und Hunde sind dabei herzlich willkommen!

Das Allgäu wirbt mit frischer Alpenluft. Hoch oben am Nebelhorn kann man diese natürlich am allerbesten genießen und dabei den Blick über rund 400 Gipfel schweifen lassen. Auch Hunde dürfen in die Klein- und Großkabinen der Nebelhornbahn im Kleinwalsertal, aber es besteht eine Maulkorbpflicht. Wer keinen Maulkorb parat hat, kann auch einen an der Kasse erwerben. Gassi-Sackerl-Spender und Hundetoiletten auf dem Nebelhorn garantieren, dass der Ausflug mit dem Hund eine saubere Sache bleibt. Aufregend wird es dann bei einer Gipfelumrundung auf dem Nordwandsteig! Der Blick 600 Meter in die Tiefe ist nichts für schwache Nerven, aber der Steig ist sicher und sogar mit Kinderwagen und Rollstuhl befahrbar. Gut geschützt geht es hier über eine etwa 100 Meter lange Stahlkonstruktion um den Gipfel herum. Ausführliche Infos gibt es unter www.ok-bergbahnen.com.

← Blick auf Schloss Neuschwanstein vom Aussichtspunkt auf dem Tegelberg aus

↗ Wandern im Allgäu – dafür ist die Region beinahe noch bekannter als für ihre Schlösser.

Tipp

SCHEIDEGGER WASSERFÄLLE

Die Wasserfälle am Rande des Westallgäus sind ein beeindruckendes Naturschauspiel für Groß und Klein. Bis zu 22 Meter stürzt das Wasser des Rickenbachs hier in die Tiefe. Hunde sind willkommen. Auch für sie ist das Spektakel ein Erlebnis (www.scheidegg.de/scheidegger-wasserfaelle).

»In der Pöllatschlucht wartet die berühmteste Aussicht auf Neuschwanstein.«

Die tiefste Schlucht Mitteleuropas

Eine Wanderung der Superlative verspricht der Gang durch die Breitachklamm bei Oberstdorf. Fast 100 Meter ragen hier die Wände senkrecht nach oben. Das Wasser stürzt lautstark in den Abgrund und bahnt sich seinen Weg strudelnd durch das Gestein. Die Luft ist von feinsten Wassertropfen angereichert, Moose und Farne sind leuchtend grüne Farbtupfer. Ein Erlebnis – und das bei jedem Wetter! Gerade wenn es regnet und besonders viel Wasser durch die Klamm fließt, ist der Besuch besonders imposant. Der Weg durch die tiefste Schlucht in Mitteleuropa ist stellenweise jedoch recht schmal. Hunde sind auf diesem Weg erlaubt, es ist aber wichtig, dass Sie als Halter Kondition und »Wanderlust« Ihres Tieres gut einschätzen können. Infos zur Klamm und was Hundebesitzer hier beim Wandern dabeihaben sollten, finden Sie übersichtlich auf www.oberstdorf.de.

Auf dem Tegelberg folgen wir dann den Spuren der Wittelsbacher Könige durch die Alpenlandschaft. Der Ausflug auf den Tegelberg, der mit einem Blick auf Neuschwanstein belohnt wird, ist für die meisten Zwei- und Vierbeiner gut machbar. Von Hochschwangau aus erreicht man den Tegelberg mit der Tegelbahn. Wer zu Fuß von der Bergbahnstation die 11,5 Kilometer hinaufwandern möchte, erreicht den Gipfel in etwa vier Stunden und kann anschließend eine abwechslungsreiche Wanderung zurück nach Füssen genießen. Immer bergab geht es mit dem Blick auf Alpsee, Neuschwanstein und Forggensee ins Tal. In der Pöllatschlucht wartet mit der Marienbrücke der berühmteste Aussichtspunkt auf Schloss Neuschwanstein. Während der Wanderung passiert man auch den kühlen Alpsee, in dem sich Hunde beim Plantschen erfrischen dürfen.

↗ In Füssen erwartet Sie eine mittelalterlich geprägte Altstadt mit romantischem Flair.
← Ein wenig abenteuerlich ist die Tour durch die enge Breitachklamm.

Tipp

HUNDEPENSION

Im Allgäu gibt es mit der Dog Lodge Hundepension ein Hundehotel, das seinesgleichen sucht: 4500 Quadratmeter Freifläche, ein Hundeteich, ansprechende Bungalows und weitläufige Spielflächen im Innen- und Außenbereich sprechen für sich. Hundebesitzer und -besitzerinnen, die bei ihrer Tour ins Allgäu auch Aktivitäten wahrnehmen möchten, bei denen der Hund nicht dabei sein kann, finden hier eine gute Lösung (www.dog-lodge-hundehotel.de).

ÜBERNACHTEN

Hunde sind willkommen im Mühlenhof Oberstaufen (www.hotel-muehlenhof.de), in der Pension und Ferienwohnung Das kleine Landhaus Oberstdorf/Tiefenbach (www.daskleinelandhaus-oberstdorf.de) sowie in der Ferienwohnung Daisy, Rex & Family (www.daisyrex.de).

WALDERLEBNISZENTRUM

In Füssen erkunden Mensch und Hund im Walderlebniszentrum Füssen-Ziegelwies den Allgäuer Bergwald auf drei Abenteuerpfaden (www.walderlebniszentrum.eu).

20 Urlaubsfeeling am Bodensee

Wassererlebnisse am Schwäbischen Meer

Türkisblau! Vor allem im Frühjahr ist der größte See Deutschlands farblich ein echter Knaller und für alle Outdoor-Fans ein Erlebnis. Auf Radwegen Strecke machen, im Kanu entlang des Seeufers paddeln oder auf Premiumwanderwegen durch Weinberge und über Hügel spazieren.

Es braucht nicht viel Vorstellungskraft, um sich am Bodensee wie am Mittelmeer zu fühlen. Dabei ragen ringsum die Alpen empor, die fast nahtlos in den Bodensee überzugehen scheinen. Das milde Klima mit warmen Sommermonaten und einem linden Winter tut der Seele gut. Anwohner und Besucher wissen das gleichermaßen zu schätzen, denn das »Schwäbische Meer« ist eine der beliebtesten Urlaubsregionen Mitteleuropas. Wir starten in Konstanz, wo auch gleich einige Hundestrände in der Schmugglerbucht, am Hörnlepark und am Seerhein, gleich neben dem Biergarten »Stromeyer – die Bleiche«, zu finden sind. Herrchen oder Frauchen dürfen hier ein kühles Bier genießen.

← Die rekonstruierten Pfahlbauten im Fleilichtmuseum Unteruhldingen zeigen, wie Menschen vor 3000 bis 6000 Jahren am See lebten.

Schiff ahoi!

Mit der Bodenseeschiffahrt (BSB) kann man auf die Insel Reichenau übersetzen, die wegen ihres fast schon mediterranen Klimas auch als Gemüseinsel bekannt ist. Neben Salaten, Gurken und Auberginen sind vor allem die Freilandtomaten eine Spezialität. Wenn Sie die Insel besuchen wollen, dann müssen

Tipp

TIROLER PFÄNDER

Der Pfänder mit 1064 Metern lockt zum Ausflug auf die österreichische Seite des Bodensees. Von hier eröffnet sich der schönste Blick auf den See und die Alpengipfel in der Umgebung. Mit der Pfänderbahn geht es in nur sechs Minuten hinauf zur Bergstation. Hunde dürfen kostenfrei mit.

Sie nicht unbedingt mit einem Boot vom Festland hinüberfahren. Seit 1838 verbindet der von Pappeln gesäumte Inseldamm das Festland mit der Reichenau. Man erreicht die Insel also auch mit dem Auto, dem Rad oder zu Fuß. Links und rechts vom Damm zieht sich das Wollmatinger Ried entlang. Das Ried ist mit etwa 750 Hektar Ausdehnung das größte Naturschutzgebiet auf der deutschen Bodenseeseite. Die Insel wurde übrigens als Klosterinsel Reichenau im Jahr 2000 zum UNESCO-Weltkulturerbe ernannt.

Pfahlbauten aus der Bronzezeit

Wer will, schippert nach Uhldingen-Mühlhofen weiter (Schifffahrtszeiten siehe www.bsb.de). Hunde sind auf den Schiffen willkommen und fahren kostenfrei mit, lediglich auf dem Katamaran zwischen Konstanz und Friedrichshafen benötigt man für den Hund ein Kinderticket. In Uhldingen wartet das archäologische Freilichtmuseum, das Funde und Nachbauten von Pfahldörfern präsentiert. Ursprünglich hatte das Pfahldorf rund 80 Häuser, heute lassen 23 rekonstruierte Häuser eine versunkene Welt aus der Zeit vor 3000 bis 6000 Jahren wiederauferstehen. Neben virtuellen Angeboten mit Hintergrundinformationen geht es auch direkt in die Pfahlbauhäuser, um den Alltag in der Bronzezeit anschaulich zu erleben. Am Ende des geführten Rundgangs erkundet man auf eigene Faust die Freilichtanlage. Hunde dürfen angeleint mit, nur im »Archaeorama« müssen sie draußen warten.

Am östlichen Stadtrand von Friedrichshafen erstreckt sich das Eriskircher Ried. Wenn Sie Ihren Hund an der Leine lassen, können Sie im Naturschutzgebiet ein besonderes Ökosystem erleben. Hier in Schilf- und Riedflächen sind viele Wasservögel zu Hause. Im Frühling machen Singschwäne Rast und die Nachtigall erfüllt mit ihrem Gesang die Nacht. Dann verwandelt auch die Sibirische Schwertlilie den Boden in einen bunten Blütenteppich.

»Die Insel Mainau lädt zum alljährlichen Farbenfeuerwerk.«

↑ Die einstige Benediktinerabtei auf der Insel Reichenau zählt zu den ältesten Klosterbauten aus der karolingischen Zeit.
↙ Der berühmte Bodenseehafen in Lindau

Allein 450 Tulpensorten und noch Tausende andere Blumenzwiebeln haben die Gärtner der Insel Mainau im Herbst gepflanzt. Gegen Ende April und Anfang Mai beginnt dann pünktlich das alljährliche Farbenfeuerwerk, wenn sich Millionen von Blütenkelchen öffnen. Dieses Farbenmeer vor der Kulisse des tiefblauen Sees und dem zum Teil noch schneebedeckten Alpenpanorama ist unvergesslich. Auch Hunde dürfen angeleint die Blumenpracht beschnuppern, können aber nicht mit ins Schmetterlingshaus und auch nicht in das berühmte Schloss. Im Frühjahr blühen auf der Insel Hunderte verschiedene Tulpen, im Sommer betörend duftende Rosen, und im Herbst sind die Dahlien dran. Im Winter herrscht eine zauberhafte Stille auf der Mainau, die die Insel im See komplett umhüllt.

Auf ein Highlight freut man sich am See das ganze Jahr. Jährlich reisen rund tausend Teilnehmer aus dem In- und Ausland zur Internationalen Bodenseewoche an. Dann gibt es echte Hingucker, wo sonst die Kursschiffe anlegen: edle Mahagoni-Yachten, Hightech-Racer, schnittige Ruderboote oder historische Dampfboote. Als Rahmenprogramm gibt es eine Mischung aus Konzerten und Veranstaltungen.

Tipp

GRENZGÄNGE

Wenn man bei einem Aufenthalt am See mit dem Vierbeiner einen Abstecher in die angrenzende Schweiz, Österreich oder auch das unweit vom See liegende Fürstentum Liechtenstein unternehmen möchte, benötigt man für den Grenzübergang einen EU-Heimtierausweis, eine gültige Tollwutimpfung sowie eine Mikrochip-Kennzeichnung für den Hund.

LINDAU

Die weltberühmte Lindauer Hafeneinfahrt mit Leuchtturm und dem imposanten Bayerischen Löwen ist unbedingt einen Tagesausflug wert, bei dem man den Hafen erkunden und entspannt durch die historische Altstadt schlendern kann.

STAND-UP-PADDELN

Für das Stand-up-Paddeling ist der Bodensee ein wunderbares Einsteigerrevier. Das Wasser ist ruhig, sodass man sich rasch an die wackelige Angelegenheit gewöhnt. Boards kann man in Surfschulen, Strandbädern und bei Bootsverleihen mieten.

ÜBERNACHTEN

Hunde sind im Hotel Ganter auf der Insel Reichenau (www.mohren-bodensee.de) und in der Pension Ins Fischernetz in Meersburg (www.ins-fischernetz.de) willkommen.

Gut zu Wissen ?

Wo gibt es die schönsten ...?

Hundefreundlichen Winterhotels

Bayerischer Wald, Konzell Weitab von vorweihnachtlicher Hektik und Verkehrslärm liegt das Hotel Reibener Hof im schönen Örtchen Konzell. Hier können Zwei- und Vierbeiner herrlich entspannen und die klare Waldluft atmen – am besten auf langen Spaziergängen durch den Winterwald. Auf Hundebesitzer, die mit ihren Hunden die Umgebung erkunden wollen, wartet ein abwechslungsreiches Programm. Auf der Homepage oder auch vor Ort finden Sie eine kleine Auswahl an hundefreundlichen Wandertouren. Familie Schegerer versorgt die Gäste mit einem vorzüglichen Frühstück und einem reichhaltigen Abendessen – natürlich darf der Hund mit zu den Mahlzeiten kommen. Und wer möchte, geht noch auf einen Absacker in die hauseigene Hotelbar (www.reibener-hof.de).

Harz, Herzberg am Harz Urige Zimmer mit einem Hundekörbchen, Harzer Hausmannskost und der verschneite Naturpark quasi vor der Haustüre – so geht ein gemütlicher Winterurlaub. Hunde sind nicht nur im Hotel, sondern auch im Restaurant willkommen. Die zusätzlichen Kalorien wieder abtrainieren können Zwei- und Vierbeiner dann auf den weitläufigen Wanderwegen des Harzes oder am besten im nahe gelegenen Hundewald bei Wildemann (siehe S. 60), wo Ihr Hund ohne Leine spielen und toben darf. Zurück am Haus liegen schon kleine Handtücher bereit, damit die Pfötchen wieder sauber werden, bevor es zum Ausruhen in die Hundesuite geht. Dort hat der Hund sogar einen eigenen kleinen Raum neben seinen Zweibeinern – ganz für sich. Auf Wunsch gibt es orthopädische Hundebetten und Napfstationen. So können Hund und Mensch den Harzurlaub entspannt genießen (www.landhaus-schulze.de).

Ostfriesland, Juist Draußen stürmt es, die Wellen branden an den Strand und man kann es sich mit heißem Ostfriesentee und Kluntjes drinnen so richtig gemütlich machen. Winterurlaub an der Nordsee ist etwas Wunderbares! Besonders auf der autofreien Insel Juist (siehe auch S. 33) ist es herrlich ruhig in der kalten Jahreszeit und man kann die Ursprünglichkeit der Natur so richtig genießen. Das hundefreundliche Hotel Atlantic Juist liegt nur fünf Gehminuten vom Strand entfernt. Anders als zur Hauptsaison können sich auf der Insel im Winter Hunde nicht nur auf den Juister Hundestränden, sondern auch auf den Hauptstränden von Töwerland, wie Juist auch genannt wird (auf Plattdeutsch bedeutet Töwerland nichts weniger als Zauberland), die frische Brise um die Nase wehen lassen. Und wenn das typisch norddeutsche Regenwetter einmal zuschlagen sollte, dann macht Hund ein Päuschen im gemütlichen 1-Zimmer-Apartment und die Zweibeiner nutzen das Schwimmbad mit Sauna im Haus. Hunde dürfen hier übrigens kostenfrei mitreisen (www.hotel-atlantic-juist.de).

↑ Ob bei einem Urlaub im Bayerischen Wald oder im Harz: Spaß im Winterwald haben große und kleine Zwei- und Vierbeiner.
← Für einen ausgedehnten Spaziergang in der schneebedeckten Landschaft sind Hunde schnell zu begeistern.

Wer Wein, Wandern und Welterbe verbinden möchte, für den ist die Mosel das ideale Ziel (siehe S. 152).

Westen

Wein, Wandern, Welterbe

21 Wanderparadies Sauerland

Land der grünen Berge

Das zwischen Südwestfalen und Nordhessen gelegene Sauerland ist ein Wanderparadies. Die waldreiche Landschaft bietet Natur pur und saftiges Grün, so weit das Auge reicht. Genügend Möglichkeiten also für Outdoor-Abenteuer gemeinsam mit dem Hund.

Im Sauerland liegt nicht nur eines der größten zusammenhängenden Waldgebiete Deutschlands, sondern es gibt auch gleich drei Naturparks: Arnsberger Wald, Diemelsee und Sauerland-Rothaargebirge. So nah an städtischen Ballungszentren gelegen, überrascht der Landstrich mit ausgedehnten Wäldern, plätschernden Bächen, malerischen Fachwerkstädtchen und einer ganzen Reihe an Stauseen, die Zwei- wie Vierbeiner zum Baden und Planschen einladen.

Um die Mittelgebirgsregion per pedes zu entdecken, schnüren auch wir unsere Wanderstiefel. Der bekannteste Wanderweg der Region ist der 157 Kilometer lange Rothaarsteig, der zu den schönsten Fernwanderwegen Deutschlands zählt und nicht umsonst den Beinamen »Weg der Sinne« trägt.

Er führt von Brilon nach Dillenburg. Der Steig ist außergewöhnlich gut markiert, alle Abschnitte sind absolut hundetauglich, und mit mehr als einem Dutzend Quellen am Weg, etwa von der Ruhr und der Sieg, findet der Vierbeiner immer was zum Schlabbern oder zum Pfotenkühlen. Eine besonders schöne Teilstrecke ist die 24 Kilometer lange Etappe von Willingen nach Winterberg. Sie führt zum höchsten Berg in NRW, dem 843 Meter hohen Langenberg, und zum 838 Meter hohen Clemensberg, der mit einer spektakulären Aussicht belohnt. Ein Eintrag im Gipfelbuch gehört hier unbedingt dazu! Hinter der Niedersfelder Hochheide geht es dann wieder zurück in den Wald und zur Ruhrquelle, an der sich Zwei- und Vierbeiner mit frischem Trinkwasser versorgen können.

Das idyllische Städtchen Winterberg ist unser Tagesziel. Zahlreiche hundefreundliche Cafés laden zu einem wohlverdienten Päuschen ein.

← Der Diemelsee – eine der beliebtesten Ferienregionen im Sauerland mit einer Vielzahl an Ausflugszielen und Wandermöglichkeiten

Wie wäre es mit einer Pasta? Große Portionen gibt es in Bracks Nudelhaus (www.nudelhaus-winterberg.de) und eine Pasta geht doch immer nach einer Wanderung, oder? Zum Ausgangspunkt zurück nach Willingen geht es bequem mit dem Zug.

Zwischen Kultur und Panorama

Entlang des Rothaarsteigs schließen sich einige Rundwanderwege an, die sich perfekt für kleine Touren anbieten. Der Sorper Panoramapfad führt von Niedersorpe aus über Winkhausen und Rellmecke und bietet herrliche Höhenzüge mit fantastischen Aussichten auf das Sauerland. Außerdem geht's entlang am Flüsschen Sorpe, in dem Hunde planschen und trinken können. Und selbst Kulturfreunde kommen nicht zu kurz, denn ein Teil der Wanderung führt durch den Skulpturenpark der Galerie Klute-Waldemai (www.klute-waldemai.de).

»Auf dem Kneippwanderweg die heiß gelaufenen Fußsohlen abkühlen«

Und wer nicht ganz so gut zu Fuß ist? Der kann im Sauerland trotzdem hoch hinaus, und zwar mit der Ettelsberg Kabinenseilbahn in Willingen, in der gegen ein Entgeld auch Hunde erlaubt sind. Mit der Seilbahn geht es schnell und sicher hinauf auf den Willinger Hausberg, von wo aus man Wanderungen in die Hochheide unternehmen kann (www.ettelsberg-seilbahn.de). Perfekte Aus-

sicht gibt es auf dem Hochheideturm. Und keine Sorge: Es gibt einen Aufzug! Vom Turm bietet sich ein weiter Blick über die bewaldeten Berge und den schier endlosen Horizont. Ein Moment zum Innehalten und Genießen. Wer sich die heiß gelaufenen Fußsohlen abkühlen möchte, begibt sich auf den Kneippwanderweg Olsberg. In den natürlichen Wassertretstellen dürfen sich auch Hunde ihre Pfoten erfrischen.

↑ Auf zum Rothaarsteig! Im Herbst, wenn das Laub sich verfärbt, ist die beste Wanderzeit.
↙ Für einen Blick weit übers Sauerland geht es in den Kabinen der Ettelsberg-Seilbahn hinauf auf den Willinger Hausberg.

Auf zum Diemelsee!

Wer sich nach so viel Wandern nach einem kühlen Bad sehnt, ist im Sauerland richtig. Hier bieten sich gleich einige Seen zum Planschen an. Zwei Hundestrände, an denen der Vierbeiner ohne Leine baden darf, gibt's am Diemelsee: in Heringhausen direkt hinter dem Campingpark »Hohes Rad« und in Helminghausen in der Nähe des Badestrands.
Ganz gemütlich wird es dann auf dem Wasser bei einer Seerundfahrt auf dem Diemelsee. Auf der einstündigen Rundfahrt mit der MS Muffert ist mit Kaffee und Kuchen nicht nur für das leibliche Wohl gesorgt. Passagiere genießen auch Einblicke in die Seenlandschaft der Diemeltalsperre. Hunde fahren kostenlos mit. Bei einer kombinierten Fährschiff-Wanderung läuft man vom Hundestrand in Heringhausen rund acht Kilometer bis zur Fährschiffanlegestelle, von wo man gemütlich wieder zurückschippert.

Tipp

BIGGESEE

Der Biggesee zwischen Olpe und Attendorn ist der größte Stausee Westfalens. Es gibt hier schöne Rad- und Wanderwege wie den ca. 6 Kilometer langen Rundwanderweg A5 rund um die Burg Schnellenberg. Auf dem See verkehren Linienschiffe (www.biggesee.de). Den besten Blick auf den See hat man von der spektakulären Aussichtsplattform Biggeblick.

ERLEBNISBERG KAPPE

Oben auf dem Erlebnisberg Kappe bei Winterberg bieten sich von der »Panorama Erlebnis Brücke« auf 435 Metern beste Ausblicke auf das Sauerland. Hunde dürfen hier mit. Außerdem gibt es eine Sommerrodelbahn, einen Kletterwald, einen Naturerlebnispfad und noch viel mehr. Hunde sind auch im Panorama Restaurant & Café willkommen (www.erlebnisbergkappe.de).

ÜBERNACHTEN

Hotel Hubertushöhe in Schmallenberg-Latrop liegt direkt am Rothaarsteig und begrüßt Vierbeiner mit Willkommensleckerli. Es gibt eigene Liegematten für Hunde und sogar eine Hundedusche (www.hubertushoehe-latrop.de). Hunde sind gern gesehene Gäste im Hotel Hessenhof mitten in Winterberg. Hier gibt es einen Wellnessbereich mit Pool (www.hotel-hessenhof.de).

22 Wildromantisches Lahntal

Auf den Spuren der Brüder Grimm

Das Lahntal gleicht einem Besuch im Märchenbuch. Gemeinsam mit unserem Vierbeiner begeben wir uns auf die Spuren der Brüder Grimm und auf einen Streifzug durch dicht bewachsene Täler und romantische Städte mit Fachwerkhäusern und schmalen Gassen.

Ja, wildromantisch kommt es daher, das Lahntal. Zu entdecken gibt es verträumte, stille Auenlandschaften, ausgedehnte artenreiche Wälder sowie malerische Dörfer und alte geschichtsträchtige Städte wie Marburg, Wetzlar und Gießen. Kein Wunder, dass diese Landschaft an der Lahn schon Goethe und die Brüder Jacob und Wilhelm Grimm bei ihren Aufenthalten zu einigen ihrer berühmtesten Werke inspirierten. Lassen Sie sich bei Ihrem Ausflug ebenfalls begeistern von der märchenhaften Natur und wandeln Sie auf historischen Pfaden. Los geht die Reise durch das romantische Lahntal in der Studentenstadt Marburg. Sobald man ein wenig durch die Altstadt schlendert, fühlt man sich tatsächlich wie in einer Märchenkulisse: Historische Fachwerkhäuser mit windschiefen Wänden in engen, verwinkelten Gassen, und auf steilen Treppen geht es immer weiter nach oben. Man wird das Gefühl nicht los, in Marburg gehe es irgendwie immer bergauf. Die Oberstadt ist vom restlichen Straßenlevel so erhöht, dass mittlerweile sogar Aufzüge die Menschen nach oben bringen.

← Marburg an der Lahn, im Vordergrund die mittelalterliche Stadtpfarrkirche am Schlossberg

Tipp

DER RAPUNZELTURM

Der Künstler Otto Ubbelohde (1867–1922) wurde für seine Illustrationen der *Kinder- und Hausmärchen* der Brüder Grimm (Ausgabe 1907) berühmt. Im Ort Amönau befindet sich am Schloss das Lusthäuschen, das ihm als Vorlage für seine Zeichnung des Rapunzelturms diente. Sehenswert!

Wer nicht schummeln möchte, sollte feste Schuhe einpacken und Luft holen – und los geht es ganz langsam treppauf in die Marburger Oberstadt. In der Altstadt können Sie die Elisabethenkirche, eine der ältesten rein gotischen Kirchenbauten Deutschlands, besichtigen und die altehrwürdige Universität bewundern. Letztere wurde schon 1527 von Landgraf Philipp dem Großmütigen gegründet. Wer vor dem Gebäude steht, bei dem stellt sich unweigerlich der Gedanke ein, vor sich eine Kulisse für einen Harry-Potter-Film zu sehen. Mittelpunkt der Altstadt bildet dann der Marktplatz und das ab 1512 erbaute historische Rathaus.

Der Grimm-Dich-Pfad

Wir wissen jetzt bereits: Marburg ist zauberhaft. Nicht umsonst führt deshalb auch die Deutsche Märchenstraße mitten durch Marburg. Schließlich studierten ja auch die Brüder Grimm in dieser Stadt und hinterließen ihre Spuren. Nehmen Sie das zum Anlass, gemeinsam mit dem Vierbeiner den Grimm-Dich-Pfad entlangzulaufen. Los geht es am Botanischen Garten. Hier folgen Sie einer festgelegten Route, die an Mauern, in Gärten oder am Wasser immer wieder mit bekannten Wesen und Tieren aus Grimms Märchen überrascht. Es sind insgesamt 16 Stationen, die sich hier auf dem Weg befinden, und an jeder Station kann man mit einem QR-Code das passende Märchen zur Figur abrufen. Ein kurzweiliger und informativer Wanderpfad, der wirklich Spaß macht. Am Marburger Landgrafenschloss ist die Märchentour nach gut zwei Stunden zu Ende. Leider dürfen in das Landgrafenschloss Hunde nicht mit hinein. Aber immerhin von außen sollten Sie sich dieses eindrucksvolle Bauwerk nicht entgehen lassen und dann den Schlosspark bei einem Spaziergang erkunden. Zum Verschnaufen oder für eine kleine Erfrischung zwischendurch können Sie es sich im Bückingsgarten direkt am Schloss gemütlich machen – und das bei bester Aussicht auf die Stadt. Weiter geht es dann gemeinsam mit dem Vierbeiner zu einer Erfrischungstour an die Lahn, denn überall in Marburg gibt es Plätze, wo der Hund im Fluss ausgiebig baden und planschen kann. Wenn die Sonne scheint und die Luft schön warm ist, sind diese erfrischenden Momente am Wasser das Sahnehäubchen auf einem sowieso schon wunderbaren Ausflug in die Märchenstadt.

Nach so viel Märchenhaftem in Marburg geht es vorbei an den ebenso wunderschönen Städtchen Wetzlar und Gießen, die zum Zwischenstopp einladen, und von dort bis nach Nassau und damit mitten rein in die Natur des idyllischen Lahntals. Das nächste Ziel: die Hamburger Höhe. Wo Marburg eine beliebte Stadt für Ausflüge ist, wird es im restlichen Lahntal oft schnell menschenleer. Hier oben auf der Hamburger Höhe laden einige der schönsten Blicke ins Lahntal zum entspannten Rundweg in der Natur ein. Parken kann man am besten am Schwimmbad in Nassau, dann queren Sie die Innenstadt und gehen von dort schnurstracks hinein in den Wald. Ziel ist der Gickelsturm, der einen fantastischen Panoramablick über das Lahntal bietet.

↖ Diez an der Lahn mit dem Grafenschloss hoch über der Stadt. Im Schloss sind die Jugendherberge und ein sehenswertes Museum untergebracht.
← Riesenspaß mit Hund: Kanutour auf der Lahn
← Regt die Fantasie an: der Rapunzelturm in Amönau (siehe Kasten S. 143)

Tipp

ALTER BOTANISCHER GARTEN

Die grüne Oase mitten im Zentrum von Marburg wurde vor rund 200 Jahren für die Erforschung der Pflanzenwelt und die botanische Lehre der Medizinstudenten angelegt. Hunde müssen hier an die Leine, dürfen aber mit auf das Gelände des Alten Botanischen Gartens (www.uni-marburg.de/de/botgart/alter-garten).

Sollte Ihr Hund Probleme mit dem Treppensteigen haben oder Sie keine Lust auf den Aufstieg, dann können Sie den Ausblick auch vom Fuße des Turms genießen. Auch von hier bietet sich ebenfalls ein schöner Blick ins grüne Land.
Ambitionierte Zwei- und Vierbeiner können sogar Mehrtagestouren auf dem Lahnwanderweg unternehmen. Wer nicht auf eigene Faust loswill, wendet sich an den Touristikverband Bad Ems-Nassau e. V. (www.badems-nassau.info), der individuelle Touren von drei bis sechs Tage Dauer anbietet und dabei Höhepunkte des Lahntals präsentiert – und das auch noch auf besonders bequeme Art und Weise: Sie als Wanderer und Ihr Hund sind nämlich nur mit einem leichten Tagesgepäck unterwegs, denn Ihre Koffer werden von einer Unterkunft in die nächste transportiert. Bei der Unterbringung wird darauf geachtet, dass die Unterkünfte alle hundefreundlich sind. Wenn das nicht perfekt klingt?

»Lust auf ein wenig Trapperromantik? Dann ab ins Kanu auf die Lahn!«

Mit dem Kanu auf der Lahn

Nachdem Sie die Lahn nun immer wieder vom Ufer aus oder von oben betrachtet haben, sollten Sie sich auch einmal auf das Wasser wagen – und zwar bei einer gemeinsamen Kanutour mit Ihrem Hund. So ein Wasserabenteuer ist ein besonderes Erlebnis für Zwei- und Vierbeiner gleichermaßen. Vierbeiner, die noch nie auf einem Boot mitgefahren sind, sollten allerdings genügend Zeit bekommen, um sich vorab ein wenig an das schaukelnde Gefährt zu gewöhnen. Mit etwas Geduld und zur Not etwas gutem Zureden klappt das aber meist sehr schnell. Anbieter wie Lahntours (www.lahntours.de/kanu/mit-dem-kanu-auf-der-lahn) und der Bootsverleih Buch in Diez (www.bootsverleih-buch.de) erlauben auch Hunde explizit in ihren Kanus. Sobald alle ruhig sitzen, geht es los. Wer noch nicht so paddelfest ist, entscheidet sich am besten für eine kurze Strecke, zum Beispiel zwischen Diez und Balduinstein. Lautlos gleitet man im Kanu in großen Bögen zwischen Westerwald und Taunus den Fluss entlang und es kommt sogar ein wenig Trapperromantik auf. Nach etwa zwei Stunden ist das Kanuabenteuer dann auch schon wieder vorbei. Schade eigentlich, denn so ein Paddelabenteuer wirkt wunderbar entspannend. Noch ein wenig durch das idyllische Balduinstein stromern, dann geht es mit dem Zug wieder zurück zum Ausgangspunkt nach Diez.

↑ Auf dem »Grimm-Dich-Pfad« in Marburg kommt man an dieser Erinnerung an das Märchen »Der Wolf und die sieben jungen Geißlein« vorbei.
↙ Landgrafenschloss in Marburg mit dem Bückingsgarten

Tipp

HUNDESCHULE

Nur Abschalten und Faulenzen ist nicht Ihr Ding? Wer auch im Urlaub die Beziehung zu seinem Vierbeiner vertiefen möchte, ist bei Judith Dresselmann und ihrer »Hundeschule an der Lahn« genau richtig. Judith bietet individuelle Coachings und Longier-Training für Hunde an, aber auch Wanderungen mit Hund. Schwerpunkte sind Führung, Kommunikation und Präsenz. Achtung: Zwischen Dezember und Februar ist Winterpause (www.hundeschule-lahntal.de).

ÜBERNACHTEN

Das Hotel Marburger Hof zwischen Marburger Bahnhof und Altstadt begrüßt die vierbeinigen Gäste mit Leckerlis, einem Wassernapf und einer Hundedecke auf dem Zimmer (www.marburgerhof.de). Auch im Hotel VILA VITA Rosenpark Marburg sind Hunde willkommen! Pro Nacht und Hund werden 25 Euro berechnet. Enthalten sind Hundekissen, Hundedecke, Trink- und Futternapf sowie ein Türschild mit »ich bin im Zimmer«. Die weitläufig angelegte Hotelanlage ist perfekt für Gassirunden – und das angrenzende Ufer der Lahn lädt zu etwas ausgedehnteren Spaziergängen ein (www.rosenpark.com/de/hundetreatment).

23 Fränkische Rhön – Wandern im Dreiländereck

Wo weite Fernen auf den Sternenhimmel treffen

Die Menschen in der Rhön bezeichnen ihre Gegend gern als Land der offenen Ferne. An Ausblicken mangelt es hier wahrlich nicht. Der größte Teil des hügeligen Mittelgebirges liegt im bayerischen Unterfranken. Und da schauen wir uns mit unserem Vierbeiner einmal genauer um.

Mitten in Deutschland, dort, wo sich die Ländergrenzen Bayerns, Hessens und Thüringens berühren, liegt das UNESCO-Biosphärenreservat Rhön. Aktuell wird diskutiert, ob, wie und wo die Rhön zum Nationalpark ernannt werden kann. Doch auch jetzt schon gilt die Rhön als Vorbild für den sanften Tourismus. Hier gibt es keine Besuchermassen, stattdessen verteilen sich die Naturgenießer auf einem weitläufigen Netz an Wanderwegen und in den umliegenden Städten. Die Touren führen oft auf einsamen Pfaden durch das vulkanische Mittelgebirge. Dabei kann man sich in der Rhön ganz auf das Erleben der Natur einlassen. Dichte Wälder, die sich über weite Flächen erstrecken, karge Hochflächen und geheimnisvolle Hochmoore prägen die Landschaft. Als der Orkan Kyrill 2007 über die Region hinwegzog, entwurzelte er massenhaft Fichten. Was heute noch erschreckend kahl aussieht, birgt aber eine Chance für die Natur. Die regionuntypischen Fichten werden vermehrt durch Buchen und Eichen ersetzt, die Rückzugsorte für Tiere und mehr Biodiversität mit sich bringen. Mit dem Hochrhöner hat die Region einen zertifizierten Premiumwanderweg zu bieten. Nur wer die weite Hügellandschaft mit ihren zahlreichen Hochplateaus zu Fuß erkundet hat, kann behaupten, wirklich in der Rhön gewesen zu sein. Die gesamte Wegstrecke von 180 Kilometern werden Sie allerdings nicht bei einem einzigen Kurzbesuch bewältigen können. Doch für eine kleine Etappenwanderung reicht es allemal. Es gibt zahlreiche Wanderrouten, bei denen auch an die vierbeinigen Begleiter gedacht wird (www.rhoen.de).
Wandern macht durstig und hungrig. Lust auf eine Einkehr? Das beste Bier und die schönste Aussicht auf die Region bietet der Kreuzberg. Der Heilige Berg der Franken liegt auf 928 Metern und ist in jedem Fall einen Tagesausflug wert. Zahlreiche Wanderwege, auch der zertifizierte Hochrhöner, haben das Kloster Kreuzberg in der Nähe von Bischofsheim zum Ziel. Stärken Sie sich dort auf der großen Sommerterrasse der Klosterschänke vor oder nach dem Wandern bei herzhaften regionaltypischen fränkischen Speisen und Kreuzberger Klosterbier Dunkel.

↗ Vom Gipfel des Kreuzbergs bei Bischofsheim bietet sich ein Panoramablick über die Rhön.
← Mondäne Bäderarchitektur: 1834 gab König Ludwig I. den Arkadenbau im Kurpark von Bad Kissingen in Auftrag.

Geheimnisvolles Schwarzes Moor

Von beeindruckender Schönheit ist das Schwarze Moor. Die 60 Hektar große Landschaft ist eines der bedeutendsten Hochmoore in Europa. Besucher durchwandern das Naturspektakel auf Holzbohlen, die nicht verlassen werden dürfen. Das gilt auch für die Vierbeiner. Durch diese Maßnahmen wird dafür gesorgt, dass das schützenswerte Naturschutzgebiet möglichst unberührt bleibt. Wer durch diese einzigartige Landschaft läuft, leistet gern diesen Beitrag. Wer Tiere aus der Nähe sehen will, ist im Wildpark an den Eichen in Schweinfurt genau richtig. Schön ist, dass auch angeleinte Hunde willkommen sind. Die weitläufige Anlage, die 460 Tiere aus dem In- und Ausland beheimatet, hat bei freiem Eintritt ganztägig und -jährig geöffnet. Der Park hat für große wie kleine Gäste viel zu bieten. Neben dem Lernparcours »GoWild« gibt es eine Minigolfanlage, ein Planschbecken, Skateboardbahnen und eine Waldschenke (www.wildparkfreunde-schweinfurt.de).

Zu Gast in Bad Kissingen

Auch wenn die weiten Fernen so charakteristisch für die Rhön sind, sollte man die Städte der Region nicht verpassen. Wer durch die Straßen von Bad Kissingen flaniert, spürt immer noch, dass hier einst historische Größen wie Otto von Bismarck und die Kaiserin Sisi als Kurgäste logierten. Immerhin soll das Kissinger Bitterwasser, das unter Zusatz von Magnesium- und Natriumsulfat hergestellt wird, einige Leiden lindern. Die knapp 21 000 Einwohner zählende Kurstadt hat mondänes Ambiente und ist

»Kuren wie Kaiserin Sisi und Bismarck«

von historischen Bauten geprägt. Die Parkanlagen des weltberühmten Staatsbads sind erfrischend grün und einladend für eine Erkundungstour mit Hund. In Fladungen, der nördlichsten Stadt Bayerns, stehen regionaltypische Fachwerkhäuser Spalier und leiten Besucher in das Fränkische Freilandmuseum. In der Hauptattraktion der Kleinstadt wird in vielen historischen Gebäuden anschaulich und lebensecht gezeigt, wie das Landleben früher war. Hunde sind willkommen, müssen aber wegen der dort lebenden Tiere an der Leine geführt werden.
Wer in Bischofsheim haltmacht, erfährt in der Stadtführung »Historie, Handwerk, Heute« viel Wissenswertes über die Geschichte der traditionsreichen Kleinstadt. Von Bischofsheim aus erreicht man etliche touristische Ziele in der Hochrhön.

↗ Das Schwarze Moor bei Fladungen: Holzstege führen mitten durch die geschützte Landschaft mit Wollgras, fleischfressendem Sonnentau und gefährlichen Mooraugen.
← Im Wildpark an den Eichen in Schweinfurt

Tipp

ENTSPANNUNG IM PARK

Der Luitpoldpark in Bad Kissingen ist ein Ort der Erholung. In diesem englischen Garten sind Hunde erlaubt. Für die Zweibeiner stehen Hängematten, Bänke und Liegen für ein kurzes Nickerchen bereit.

EHEMALIGE DDR-GRENZE

In Frankenheim, dem höchstgelegenen Dorf der Rhön steht ein ehemaliger Wachturm als Erinnerung an die Teilung Deutschlands.

STERNENPARK

Im Sternenpark Rhön und von speziellen Plattformen aus zeigt sich der Nachthimmel in voller Pracht. Für Hobby-Astronomen wurde auf der Hohen Geba im Thüringischen Teil der Rhön ein astronomischer Beobachtungsplatz eingerichtet. Sie können aber auch mit einem Naturführer auf Nachtwanderung gehen, angeleinte Hunde dürfen gern mit (www.biosphaeren reservat-rhoen.de).

ÜBERNACHTEN

Im romantischen Wasserschloss in Unsleben kann man in der Ferienwohnung auch mit dem Hund in Burgatmosphäre übernachten (www.schloss-unsleben.de). In der Ferienwohnung Rhönstreuner in Riedenberg (www.rhoenstreuner.de) sind Hunde ausdrücklich willkommen, und auch im Hotel im Krumbachtal in Schönau an der Brend (www.krummbachtal.de) sind Hunde gern gesehene Gäste.

24 Entlang der kurvenreichen Mosel

Vom Wein geprägt

Urlaub an der Mosel ist mehr als Wein verkosten und Kaffee trinken – auch wenn der Moselwein natürlich nicht zu verachten ist. Wandern, erlesener Genuss, atemberaubende Weitblicke – einfach pure Erholung, das verspricht diese Region.

Die Mosel entspringt in den Vogesen in Frankreich und mäandert auf 544 Kilometern vorbei an Hunsrück und Eifel bis nach Koblenz. Hier mündet der Fluss schließlich in den Rhein. Auf ihrem Weg passiert die Mosel eine malerische Landschaft, gespickt mit steilen Weinhängen und idyllischen Weindörfern, romantischen Burgen und herrschaftlichen Schlössern – und den Moselstädten, die vom Ruhm der Jahrhundertwende zeugen. Man kann es ganz klar sagen: Das Moseltal ist eine der schönsten Flussregionen Europas.

Wanderschuhe schnüren, Leine anlegen!

Am schönsten und dazu besonders aktiv erkundet man die Region zu Fuß. Also Wanderschuhe schnüren, dem Hund die Leine anlegen – und los geht's! Zum Wandern empfiehlt sich im Moselland selbstredend der Moselsteig. Der Qualitätswanderweg, der 2014 eröffnet wurde, führt von Koblenz nach Perl an die deutsch-französisch-luxemburgische Grenze. Sage und schreibe 365 Kilometer sind es von der deutsch-französisch-luxemburgischen Grenze bis zum Deutschen Eck in Koblenz und dabei ist der Wanderweg in 24 Etappen unterteilt. Der Moselsteig folgt dem Flussverlauf durch die Weinberge. Immer wieder überraschen grandiose Ausblicke. Dabei geht es auf dem Weg erst einmal steil bergauf, dann wieder bergab, um gleich erneut bergan zu führen. Die meisten Etappen sind für Hunde gut machbar. Lediglich Etappe 21 bei Moselkern-Löf weist eine Kletterpassage mit Leiter auf, die man aber über einen ausgeschilderten Weg umgehen kann. Stufen, schmale Pfade und Felspassagen sind auf dem gesamten Moselweg leicht zu überwinden.

→ Kleine Verschnaufpause in einem Weinberg: Wer auf dem idyllischen Moselsteig unterwegs ist, folgt den Windungen der Mosel.

Hier Abfahrt nach Bernkastel
RUNDFAHRTEN

Entlang des Moselsteigs gibt es immer wieder kleinere »Seitensprünge«, die weniger fordernd sind. So locken im Landkreis Mayen-Koblenz 26 Rundwanderwege, die sogenannten Traumpfade, plus sieben »Traumpfädchen« zu etwas kürzeren Wandertouren. Die »Traumpfade« sind dabei zwischen sechs und 19 Kilometer lang, die »Traumpfädchen« drei bis sieben Kilometer.

Der Mosel-Traumpfad »Bleidenberger Ausblicke« bringt Sie zu den schönsten Panoramablicken im Moseltal. Auf einem alten Weinbergpfad geht es hoch hinauf bis zur mittelalterlichen Burg Thurant und zur Wallfahrtskirche Bleidenberg. Vor einer Tour sollten Sie sich allerdings genauer informieren, was Sie und Ihren Hund auf der Strecke erwartet und die Anforderungen dann mit der eigenen Kondition abgleichen. Ansonsten sind die meisten Wanderrouten für Zwei- und Vierbeiner (fast) bei jedem Wetter ein Genuss. Mit den vielfältigen Ausblicken über und in das Moseltal und den verschiedenen Höhenniveaus, die zur Auswahl stehen, wird das Wandern an der Mosel für Sie und Ihren bewegungshungrigen Vierbeiner zu einer spannenden und interessanten Angelegenheit.

Neben den Weinbergen und Winzerdörfern warten auf dem Moselsteig immer wieder die hübschen Moselstädte darauf, besichtigt zu werden. Eine Stadt am Ufer der Mosel, die Romantikerherzen höherschlagen lässt, ist Cochem. Bei einem Spaziergang mit dem Hund an der Moselpromenade und durch die historischen Gassen der Cochemer Altstadt mit ihren schmucken Fachwerkfassaden und mittelalterlichen Gassen geht man auf Entdeckungstour. Wer will, leiht sich beim Fahrradverleih Schaltwerk ein Rad aus. Dazu gibt es ebenfalls Anhänger, falls Ihr Hund nicht mehr so fit ist und lieber kutschiert werden will (www.schaltwerk-bikes.de).

↖ Traben-Trarbach – eines der typischen Weindörfer an der Mosel und ein Zentrum des Moseltourismus
← Für aktive und entspannte Tage mit dem Hund ist die Moselregion ein empfehlenswertes Ziel.

Cochemer Senf und noch mehr Ausblicke

Für einen besonders schönen Überblick über das Moseltal geht es von Cochem aus hinauf auf den Pinnerberg zur Aussichtsplattform Pinnerkreuz – entweder mit der Sesselbahn (hier dürfen allerdings nur Hunde bis zu 30 Zentimeter Schulterhöhe mitfahren) oder eben per pedes. Ein kurzer Zwischenstopp lohnt sich davor noch an der Sesselliftstation in der 200 Jahre alten Cochemer Senfmühle. Hier gibt es alles rund um das Thema Senf, und in jedem Fall findet man hier auch ein passendes Mitbringsel für zu Hause.

Der fünf Kilometer lange Fußweg auf den Pinnerberg startet am Großparkplatz vor dem Cochemer Bahnhof. Nach einem kurzen Stück Weg befindet man sich schon mitten in den Weinbergen. Hier muss man sich auf heimliche Beobachter einstellen: Wilde Schafe, auch Mufflons genannt, leben hier und beäugen alle Besucher neugierig. Ihr Hund sollte deshalb unbedingt angeleint sein! Oben angekommen, genießt man am Pinnerkreuz den Blick auf den Zwiebelturm der Martinskirche und die Moselschleife. Typisch sind die Schiefer-Felsenriffe, die der Landschaft ihren charakteristischen Schliff verleihen. Wer noch ein wenig weiter spazieren möchte, geht über die Wakelei ins Endertal hinein.

Tipp

GASTFREUNDSCHAFT

Die Moselaner sind bekannt für ihre Geselligkeit und ihre Gastfreundlichkeit. Das gilt auch für Hunde. Viele Gasthäuser sind auf vierbeinige Besucher eingestellt und halten frisches Wasser für sie bereit. Insbesondere die unzähligen Straußwirtschaften oder Cafés und Restaurants mit Terrasse, die zum typischen Bild der Moselregion gehören, machen eine lukullische Pause mit Hund zu einer völlig stressfreien Angelegenheit.

Schiffspartie auf der Mosel

Im Urlaub an der Mosel ist eine Schiffstour natürlich ein Muss. Von Cochem aus fährt man auf der Mosel in fünf Stunden nach Traben-Trarbach. Auf sanften Wellen und entlang der hübschen Ufer scheint die Zeit geradezu dahinzufliegen.
Traben-Trarbach ist ein Juwel, das vom einstigen Glanz der Moselweine zeugt. Um 1900 zählten die Steillagen-Rieslinge von der Mosel zu den teuersten Weinen der Welt. Die Preise waren teils doppelt so hoch wie die für edle Tropfen aus Burgund oder dem Bordeaux. Um die Jahrhundertwende war das beschauliche Städtchen eine der bedeutendsten Weinhandelsstädte und nach Bordeaux der zweitgrößte Weinumschlagsplatz Europas. An die hundert Weinkellereien und Händler waren hier ansässig. Als Lager nutzten sie riesige Keller unter der Stadt, in denen heute zur Adventszeit der angesagte Mosel-

»Die Städte an der Mosel lassen Romantikerherzen höherschlagen.«

Wein-Nachts-Markt stattfindet (siehe Infokasten). Reiche Weinhändler ließen sich hier Jugendstilvillen von Weltrang errichten, die einen Bummel durch die Doppelstadt an der Mosel heute zum Highlight machen. Vorbei an historischen Wahrzeichen wie dem Brückentor, eingerahmt von der Ruine Grevenburg und der Festung Mont Royal, gibt es in Traben-Trarbach architektonisch einige Kostbarkeiten zu entdecken. Bis Ende Oktober geht die Schifffahrt von Traben-Trarbach weiter bis nach Bernkastel-Kues. Hunde dürfen kostenlos mit an Bord. Ansonsten gibt es die Moselbahn und Busverbindungen. Auch auf einem 25 Kilometer langen Wanderweg entlang der Mosel gelangt man nach Bernkastel-Kues. Es geht auch kürzer, dafür aber steiler auf der acht Kilometer langen Strecke über den Berg.
In Bernkastel-Kues im Zentrum der Mittelmosel zieht es Besucher meist gleich in eine der gemütlichen Weinstuben. Da sich hier eines der ältesten Gebiete deutschen Weinbaus befindet, sollte man nicht versäumen, ein paar Rebsorten zu verkosten. Welch ein Genuss! Im September findet in Bernkastel-Kues das größte Weinfest der Mittelmosel statt. Für Hunde ist dieses Spektakel jedoch eher mit Stress verbunden, denn die engen Gassen der Stadt sind dann brechend voll. Außerhalb des Weinfestes lassen sich die mittelalterlichen Straßen entspannter erkunden.

↑ Die Burgstraße in Bernkastel-Kues. Die Zwillingsstadt an der Mittelmosel gilt als der beliebteste Ausflugsort für Touristen in der Region.
↙ An der Moselschleife bei Bremm zwischen Cochem und Zell: Morgenstimmung mit Weinbergen und einer großartigen Landschaft

Die schönen Fachwerkhäuser verzauberten schon den Maler William Turner, der hier im 19. Jahrhundert haltmachte und Skizzen anfertigte, die heute in der Tate Gallery in London zu sehen sind.

Tipp

MOSELWEINBAHN

Die Strecke führt auf 13 Kilometern durch das Flusstal zu Weindörfern (www.moselwein-bahn.de).

MOSELWEINFESTIVAL

Am 2. Juliwochenende locken Wein und Feuerwerk zahlreiche Besucher nach Trarbach (www.traben-trarbach.de/de/moselweinfestival).

NÄCHTLICHER WEIN-MARKT

In Traben-Trarbach findet von Ende November bis Anfang Januar an den Wochenenden ein besonderes Winterevent statt: der Mosel-Wein-Nachts-Markt – und zwar unterirdisch in den alten Weinkellern. Hier geht es rund um die Themen Wein, Genuss und Kultur (www.mosel-wein-nachts-markt.de).

ÜBERNACHTEN

Das Hotel Brauneberger Hof in Brauneberg an der Mosel (www.braunebergerhof.de) u,nd das Hotel-Restaurant Moselblick in Piesport (www.moselblick-piesport.de), direkt in den Weinbergen am Ufer der Mosel gelegen, sind eine gute Anlaufstelle für den Urlaub mit Hund.

Wo gibt es die schönsten ...?

Hundefreundlichen Campingplätze

Bayerischer Wald Craftbeer, Fusion-Food oder das Emoji Sphere Spa – nein, wir sind nicht in Berlin am Prenzlauer Berg, sondern mitten im Bayerischen Wald auf der Campinginsel des Adventure Camp Schnitzmühle am Schwarzen Regen. Dort können Sie sich kulinarisch verwöhnen lassen, die Ruhe der ursprünglichen, saftig grünen Natur genießen oder zusammen mit dem Hund aktiv werden. Auf diesem Campingplatz bleiben keine Wünsche offen (www.schnitzmuehle.de/camping).

Erzgebirge Beim Waldcamping im Erzgebirge kann man vor allem eins: ganz viel Natur und Ruhe tanken. Es gibt 70 Stellplätze, eine Hundefreilaufwiese, zahlreiche Wanderwege und einen kleinen Fluss zum Baden. Auch Mehrhundehalter sind auf diesem Platz willkommen. Ein perfekter Ort zum Erholen (www.waldcamping-erzgebirge.de).

Mosel Campingplatz direkt am malerischen Moselufer und abseits der Straße (das ist selten entlang der Mosel!). Von hier genießt man den Blick auf den Fluss und die Riesling-Rebstöcke. Der ideale Standort für Erkundungen entlang der Moselregion (www.campingplatz-moselland.de).

Nordpfalz Mitten in der sanften Natur der Nordpfalz liegt der Campingplatz Donnersberg bei Gerbach, etwa 45 Kilometer von Kaiserslautern. Hier geht es ruhig zu. Es gibt keinen Handyempfang, dafür Hügel und Wälder zum Wandern. Neben Stellplätzen warten Glampingunterkünfte (eine Wortschöpfung für Glamourous Camping) wie Pods oder Safarizelte. Für Hunde warten Freilaufmöglichkeiten und ein See, in dem der Hund auch schwimmen darf. Es gibt eine Hundedusche und eine Agility-Bahn, die den neuesten FCI-Normen entspricht (www.campingdonnersberg.com/de).

Oberbayern Auf dem Fünf-Sterne-Campingplatz direkt am Waginger See (übrigens der wärmste See Oberbayerns) gibt es alles, was Hund und Halter glücklich macht: einen Hundebadestrand, eine angeschlossene Freilaufwiese und einen Agility-Parcours. Abenteuerlustige können Stand-up-Paddling mit Hund ausprobieren. Danach geht's in die Luxushundedusche »Pico Bello«. Es gibt auch Mietwohnwägen und hundefreundliche Ferienwohnungen (www.strandcamp.de).

Ostfriesland Auf diesem Platz in Dornumersiel erwartet Besucher echtes Nordsee-Feeling: Man campt hier zwischen Deich und Strand, spaziert auf dem Wanderweg »Hellepad« mit einem ausgewiesenen Badeplatz für Hunde – und im Nachbarort Neßmersiel gibt es eine Freilaufzone und einen eigenen Hundestrand mit herrlich feinem Nordseesand (www.dornum.de).

Westfalen Familienfreundlicher Campingplatz in der Nähe von Dortmund und ein Paradies für Vierbeiner. Hunde können hier im stillgelegten Kanal baden, es gibt eine Freilaufwiese und hundefreundliche eingezäunte Parzellen. Auf Kinder warten ein großer Spielplatz und ein Streichelzoo. Gemeinsam geht es mit Kind und Hund auf Wanderungen ins Waldgebiet. Der Campingplatz ist ganzjährig geöffnet (www.freizeitpark-klaukenhof.de).

↑ Zelten mit dem Hund kann wunderbar sein.
← Nicht auf jedem Campingplatz sind Haustiere gern gesehen. Suchen Sie sich schon bei der Planung Ihrer Reise hundefreundliche Plätze, damit Ihr Urlaub mit Hund entspannt abläuft.

25 Schlummernde Vulkane in der Eifel

Zwischen Geysir und Bad Gerolstein

Vor rund 12 000 Jahren spuckten in der Eifelregion Vulkane noch Feuer. Erst brodelte es, dann wurde Magma bei gewaltigen Explosionen in die Luft geschleudert. Zeugnisse aus dieser Zeit sind noch immer zu sehen. Gehen Sie mit Ihrem Hund auf Spurensuche im Vulkangebiet.

Im Gegensatz zur aktiven Vulkanzeit ist in der Eifel heute nichts mehr bedrohlich, im Gegenteil. Idyllisch geht es zu beim Ausflug an Orte früherer Naturkatastrophen. Unternehmen Sie eine spannende Zeitreise mit Ihrem Hund und entdecken Sie faszinierende Maare, Geysire – und neben Schauplätzen von Naturgewalten auch jede Menge Kultur.

Wandern von Maar zu Maar

Typisch für die Vulkaneifel sind die mit Wasser gefüllten Maare. Man nennt sie die »Augen der Eifel«. Die trichterförmigen Erdlöcher entstanden, als die Vulkane ausbrachen. Die Löcher füllten sich nach den Ausbrüchen mit Wasser. Ein Highlight sind dabei die drei Dauner Maare. Wie Perlen an einer Kette reihen sich Gemündener Maar, Weinfelder Maar und Schalkenmehrener Maar aneinander. Mit Ihrem Hund können Sie auf Wanderwegen mit Blick auf das tiefblaue Wasser die Maare erkunden. Ausgangspunkt für die acht Kilometer lange Wanderung um die drei Dauner Maare ist der Wanderparkplatz in Gemünden-Daun hinter dem Waldcafé. Übrigens: Auch der Eifelsteig führt auf der elften Etappe vom Kurpark in Daun um die drei Maare.

Tipp

FREILINGER SEE

Während in den meisten Seen und Maaren der Region das Baden für Hunde nicht erlaubt ist, gibt es am Freilinger See einen Badestrand extra für Vierbeiner. Perfekt zum Abkühlen!

← Zufahrtstraße zur weltberühmten Eltz-Burg

Rund um die Abtei Maria Laach

Der bekannteste See der Vulkaneifel ist der Laacher See bei Andernach. Auch er ist Überbleibsel der vulkanisch aktiven Zeit. Anders als die Maare entstand er nicht durch eine Explosion, sondern einen Einbruch unter dem Vulkankegel. Außer ein paar aufsteigender Luftblasen ist heute nichts von seinen früheren vulkanischen Aktivitäten zu bemerken. Einer Sage nach soll einst auf einer Insel im See ein Schloss gestanden haben, das bei einem Unwetter in die Tiefe gerissen wurde. Tatsächlich befindet sich auf dem Seegrund kein Schloss, aber das Wrack eines britischen Halifax-Bombers aus dem Zweiten Weltkrieg. Der Laacher See ist fast ganz von Wald umgeben. Der acht Kilometer lange Uferrundweg führt entspannt um das Gewässer herum. Wer noch nicht genug hat und weiterlaufen will, folgt dem »Traumpfad Pellenzer Seepfad«, der von Nickenich auf 16 Kilometern durch vulkanische Landschaft führt.
Am Lacher See kommt man an der Benediktinerabtei Maria Laach nicht vorbei. Die Abtei aus dem 11. Jahrhundert ist ein Glanzstück der romanischen Architektur und weltberühmt. Neben der Kirche gehören eine Gärtnerei, ein Hofladen, ein Hotel und ein Restaurant am Rande des Sees zum Kloster. Auf das Gelände dürfen Hunde mitgenommen werden.

»Brubbel«, der Kaltwassergeysir

Dieses Naturschauspiel sollten Sie sich bei einem Urlaub in der Eifelregion nicht entgehen lassen: Im Ort Walleborn in der Vulkaneifel befindet sich der Kaltwassergeysir Wallender Born, der bei den Ortsansässigen liebevoll »Brubbel« genannt wird. Etwa jede halbe Stunde schießt für sechs Minuten aus der Tiefe eine Wasserfontäne springbrunnenartig empor – und das ganz ohne technische Hilfsmittel.

↖ Wanderung am Rursee bei Simmerath-Rurberg im Eifel-Nationalpark
← Die »Augen der Eifel« nennt man die vulkanischen Seen oder Maare im Naturpark Vulkaneifel.

Während beim Bruder-Geysir in Andernach Hunde nicht erlaubt sind, dürfen Sie Ihren Vierbeiner mit zum »Brubbel« nehmen. Vom Wallenden Born aus können Sie mit Ihrem Hund den 3,5 Kilometer langen »Brubbelpfad« bestreiten. Der Weg ist gesäumt von Informationstafeln, die über das Walleborner Dorfleben erzählen.

Auf dem Gerolsteiner Felsenpfad

Der Name Gerolstein ist vielen durch die gleichnamige Getränkemarke ein Begriff. Die Stadt und die dazugehörige Region sind berühmt für ihre mineralhaltigen Quellen und ihr erstklassiges Trinkwasser. Eine Kostprobe erhalten Sie im Kurpark Gerolstein. Dort befindet sich die Helenenquelle, an der Sie Ihren Durst kostenfrei stillen können.
Auf dem Gerolsteiner Felsenpfad wandern Sie samt Ihrem tierischen Begleiter mitten durch das Quellgebiet. Die Besonderheit ist, dass man hier auf einem Kalkriff wandert. Ein Rundweg von acht Kilometer Länge führt am Wahrzeichen von Gerolstein, den Dolomitfelsen, und an Aussichtspunkten vorbei mitten durch die Eifel-Dolomiten. Auf dem Weg passiert man die Buchenlochhöhle, die vor 1,8 Millionen Jahren entstand und einst Steinzeitmenschen Zuflucht bot. In der Kill, die sich hier vor Uhrzeiten ein Flussbett durch das Gestein gearbeitet hat, kann Ihr Hund eine Runde plantschen.

Tipp

URWELTRIESEN

Im Dinosaurier Park Teufelsschlucht Naturpark Südeifel in Ernzen erwartet Sie eine Entdeckungsreise durch mehr als 600 Millionen Jahre Erdgeschichte. Auf dem 1,5 Kilometer langen Themenweg kann man 150 lebensgroße Modelle von Sauriern und Urtieren entdecken (www.dinopark-teufelsschlucht.de).

Fachwerk- und Burgenromantik

Eine der romantischsten Eifel-Städtchen ist sicher Monschau. Auf holprigem Kopfsteinpflaster geht es durch schmale Gassen vorbei an mittelalterlichen Gemäuern. Im Stadtkern fühlt man sich in die Vergangenheit versetzt. Für seinen köstlichen Senf aus der ortsansässigen Senfmühle und die legendären Klassikkonzerte ist Monschau weit über seine Grenzen hinaus bekannt.

Das Dorf Monreal im Landkreis Mayen-Koblenz, ganz malerisch im Elztal gelegen, ist mit seinen hübschen Fachwerkhäusern vor allem bei Künstlern und Kunstinteressierten beliebt. Hoch über dem Dorf thronen die Ruinen der Löwen- und Philippsburg. Während eines Spaziergangs durch das mittelalterlich geprägte Örtchen können Sie die Fachwerkfassaden und die massive steinerne Nepomukbrücke bewundern. Souvenirs, Kunsthandwerk und Antiquitäten werden hier überall feilgeboten.

Die Eifelregion bietet auch zahlreiche Sehenswürdigkeiten aus der Zeit der Römer. Auf dem zehn Kilometer kangen »Römerpfad« durch das Butzerbachtal geht es vorbei an Höhlen und Wasserfällen, über Hängebrücken und Stege. Auch die Ruinen des alten römische Kupferbergwerks, die sogenannten Pützlöcher, befinden sich auf diesem Wanderweg, der zu den schönsten des ganzen Landes zählt.

»Die weltberühmte Burg Eltz ist der Inbegriff einer Burg.«

Sie merken schon: In der Eifel ist ein Ausflug immer auch ein langer Streifzug durch die Geschichte. Ein Besuch in der Eifel wäre allerdings nicht vollständig ohne einen Abstecher auf Burg Eltz bei Wierschem. Im Tal der Eltz, eines Nebenflusses der Mosel, hoch oben auf einem steilen Felsen gelegen, befindet sich die vermutlich bekannteste aller mittelalterlichen Burganlagen. Stattliche 40 Meter ragt Burg Eltz aus dem Felsen empor. Das Besondere an dieser Anlage ist, dass die aus dem 12. Jahrhundert stammende Höhenburg im Lauf der Geschichte nie zerstört wurde und noch heute in Familienbesitz ist. Die weltberühmte Burg ist ein echter Touristenmagnet und zu jeder Jahreszeit entsprechend gut besucht. Doch wenn man die Wochenenden meidet, kann man beim Wandern mit dem Hund auf dem »Traumpfad Eltzer Burgpanorama« die Aussicht auf dieses imposante Kulturdenkmal und die umliegende Landschaft in aller Ruhe genießen.

↑ Das Dorf Monreal bei Mayen-Koblenz mit seiner mittelalterlichen Fachwerkbebauung
↙ Der Laacher See mit der großen Klosteranlage der berühmten Benediktinerabtei Maria Laach

Tipp

AUF TRAUMPFÄDCHEN

Traumpfädchen sind ausgewählte Wanderwege in Premiumqualität. Als schöne Kurztouren zwischen 3 und 7 Kilometern Länge sind sie kürzer und einfacher zu begehen als die Traumpfade (www.eifel.info/wandern/traumpfaedchen-eifel).

NATIONALPARK EIFEL

Inmitten des Naturparks Hohes Venn Eifel erstreckt sich auf einer Fläche von rund 110 Quadratkilometern der Nationalpark Eifel. Geführte Rangertouren vermitteln den besten Einblick in die Natur. Hunde sind dabei erlaubt (www.nationalpark-eifel.de/de/nationalpark-erleben/gefuehrte-wanderungen/ranger-touren/).

ÜBERNACHTEN

Gute Adressen für einen entspannten Aufenthalt mit Hund sind das Landhaus Sonneck in Manderscheid (www.haus-sonneck-eifel.de), der Gasthof Pension Graf-Zils in Himmerod (www.gasthof-graf-zils.de) oder das Hotel Molitors Mühle in Eisenschmitt (www.molitors-muehle.de). Wer mit Zelt, Wohnwagen oder Wohnmobil unterwegs ist, ist mit Hund auf dem Campingplatz Laacher See genau richtig – direkt am Wasser (www.camping-laacher-see.com).

Auf dem Weg zum Gipfel des Großen Feldbergs (881 m), der höchsten Erhebung im Taunus

GVILELMVS RIDERICI III FILIVS GVILELMI MAGNI NEPOS
ANNO REGNI V IN MEMORIAM ET HONOREM PARENTVM
CASTELLVM LI ITIS ROM SAALABVRGENSE RESTITVIT
IMPERATORI
ROMANORVM
TITO AELIO HADRIANO
ANTONINO
AVGVSTO PIO
GVILELMVS II
IMPERATOR
GERMANORVM

26 Auf den Spuren der Römer den Taunus erkunden

Am Limes entlang und hoch hinaus

Die Römer haben diese Landschaft kulturell geprägt und viele Zeugnisse hinterlassen. So kann man hier auch einen Streckenabschnitt des insgesamt 550 Kilometer langen römischen Grenzwalls erkunden. Für einen interessanten und zugleich entspannten Aufenthalt sorgen im Taunus zudem charmante Städte mit historischen Altstädten sowie Parks und Gartenanlagen. Also schnappen Sie sich Ihren Vierbeiner und entdecken Sie die Region am Limes!

Im Taunus stößt man überall auf Relikte aus der römischen Vergangenheit. Fast 40 Kilometer des insgesamt rund 550 Kilometer langen Obergermanisch-Raetischen Limes verlaufen mitten durch diese Region. Die römische Verteidigungslinie von Rhein bis Donau war gespickt mit 900 Wachtürmen und – sage und schreibe – 60 Kastellen, die die Grenze sicherten. Im Jahr 2005 wurde das bemerkenswerte Riesenmonument von der UNESCO zum Welterbe ernannt. Und dieses will erkundet werden. Das gelingt nirgends besser als im Taunus.

← Die Porta Praetoria des Römerkastells Saalburg. Das Militär, das hier in der Lagerstadt stationiert war, schützte einst die römische Grenze.

Der Abschnitt im Taunus zählt zu den besterhaltenen Teilen des Obergermanisch-Raetischen Limes. Um sich einen Eindruck von dieser Anlage zu verschaffen, folgt man am besten dem »Limeserlebnispfad Hochtaunus« zwischen Glashütten und Ober-Mörlen. Auf gut 30 Kilometern, die Sie in Etappen erwandern können, sieht man Wälle und Gräben, Ruinen der Wachtürme und alte Kastelle aus der Römerzeit. In Glashütten liefert der Limes Informationspavillon Hochtaunus das passende Hintergrundwissen und Infos zum Streckenverlauf.
Eines der eindrücklichsten Zeugnisse der Römer im Taunus ist das Römerkastell Saalburg in Bad Homburg (www.saalburgmuseum.de). Beim Rundgang durch die Befestigungsanlage, die für den Schutz der Grenze errichtet wurde, erhält man einen

Einblick in den Alltag der römischen Soldaten. Im Kastell sind eine Reihe von Gebäuden aus Stein und Holz wiederaufgebaut worden, damit Besucher sich in die Zeit zurückversetzen können. Auf dem 2,4 Kilometer langen »Rundweg Saalburg« erfährt man viel über die archäologischen Funde und Rekonstruktionen im Umfeld des Kastells. Nähere Informationen geben Schautafeln. Hunde dürfen mit, sind in der Anlage aber an der Leine zu führen.

»Die Römer haben im Taunus viele Spuren hinterlassen.«

Durchatmen im Luftkurort

Im Taunus lassen sich hübsche Städtchen besichtigen. Einen Besuch wert ist Königstein im Taunus. Sobald Sie angekommen sind, sollten Sie erst einmal die gute Luft in vollen Zügen atmen, denn Königstein ist ein heilklimatischer Kurort. Trotz der Nähe zu Frankfurt geht es hier so viel entspannter zu als in der Hessenmetropole. Wandeln Sie durch die verwunschenen Gässchen der Altstadt und sehen Sie sich auch das denkmalgeschützte Königsteiner Kurbad aus den 1970er-Jahren an – ein architektonisches Meisterwerk, das zu den schönsten Hallenbädern Europas zählt. Im Naturpark Taunus lädt die Umgebung von Königstein zum Naturerleben ein. Wer gern wandert, kann mit seinem Vierbeiner auf dem etwa elf Kilometer langen »Drei-Burgen-Weg« von Burg Königstein über Burg Falkenstein nach Burg Kronberg und zurück laufen.

Wer von den Altstädten des Taunus nicht genug bekommt, kann gleich ein Altstadt-Hopping machen. Das Wahrzeichen von Bad Homburg vor der Höhe ist der Weiße Turm, der frei stehende Bergfried der früheren Burg Hohenberg. Gassigehen mit Leine ist im Schlosspark und Kurpark mit seiner malerischen Teichanlage erlaubt. Fachwerkfassaden aller Art aus der Zeit vom 15. bis zum 18. Jahrhundert gibt es in Idstein zu entdecken. Eine Burg, ein Schloss und verwinkelte Gassen entführen Sie hier in längst vergangene Zeiten. Und wenn Füße und Pfoten eine Pause brauchen, setzen Sie sich in ein hübsches Altstadtcafé. Im historischen Städtchen Oberursel finden Besucher beim Rundgang durch die Altstadt Überreste der einstigen Stadtmauer oder das in Richtung Hollerberg und Herrenmühle verlaufende Hexentreppchen. Hoch hinaus: Der Große Feldberg ist der höchste Berg des Taunus. Bei gutem Wetter hat man einen fantastischen Weitblick – entweder vom Brunhildisfelsen oder vom Aussichtsturm. Von der 40 Meter hohen verglasten Aussichtsplattform schweift der Blick über die Wälder bis zur Skyline Frankfurts.

↑ Der Weiße Turm in Bad Homburg vor der Höhe
↙ Die Altstadt von Idstein mit den malerischen Fachwerkfassaden und schmalen Kopfsteinpflastergassen ist unbedingt einen Ausflug wert.

Mit dem Vierbeiner kann man hier oben zu jeder Jahreszeit wunderbar spazieren – egal, bei welchem Wetter. Doch das Naturerlebnis Feldberg lockt auch die Städter, und so herrscht auf den Wander- und Radwegen meist reger Betrieb. Im Winter sind die Hänge des 881 Meter hohen Großen Feldbergs fest in der Hand von Rodlern und Skilangläufern.

Tipp

OPEL-ZOO

Im Vordertaunus Zwischen Kronberg und Königstein liegt an der B455 der Opel-Zoo. Rund 1600 Tiere und 230 verschiedene Arten kann man in dem 1956 gegründeten Zoopark in naturnahen Gehegen bestaunen. Dazu gehören die einzigen lebenden Elefanten in Hessen. Ihr Hund darf Sie an der kurzen Leine in den Zoo begleiten. Für ihn ist ein Entgelt von 2 Euro (Eintritt inkl. Hygienetüte) zu entrichten (www.opel-zoo.de).

ZEITREISE

Das Freilichtmuseum Hessenpark in Neu-Anspach liefert spannende Einblicke in 400 Jahre hessische Geschichte und Alltagskultur. Auf dem Museumsgelände sind Fachwerkhäuser zu besichtigen. Infos zu Landwirtschaft und altem Handwerk machen den Besuch anschaulich und informativ. Für 1 Euro Eintritt (inkl. Hygienetüte) darf Ihr Hund Sie begleiten. Auf dem gesamten Museumsgelände muss er jedoch an der Leine geführt werden und darf nicht mit in die historischen Gebäude (www.hessenpark.de)

ÜBERNACHTEN

Mit Ihrem Hund sind Sie im Hotel Rosenau in Bad Nauheim (www.bestwestern.de) oder im Maritim Hotel Bad Homburg (www.maritim.de) willkommen. Wer campt, ist mit dem Hund auf dem Campingplatz Taunus Mobilcamp in Weilrod gut aufgehoben. (www.taunus-mobilcamp.de)

27 Bäuerliche Idylle im Kraichgau

Landleben in der Badischen Toskana

Die Mulde, die vor 65 Millionen Jahren zwischen Odenwald und Schwarzwald einsank, ist heute der Kraichgau. Der Name stammt vom keltischen Wort »creuch« ab, was so viel wie »Schlamm« bedeutet. Bis heute ist die Region vom Ackerbau geprägt – eben diese ländliche Idylle bezaubert.

Der Kraichgau ist bekannt als exzellentes Weinanbaugebiet. Auch die Badische Weinstraße führt durch die Region. Im Kraichgau wachsen über zwei Dutzend Rebsorten, aus denen von mehr als 200 badischen Winzern und württembergischen Weingärtnern zahlreiche prämierte Weine kreiert werden. Sie können die Weinanbauregion am besten auf den Wanderwegen durch die Weinberge erkunden. Im »Land der 1000 Hügel« können Sie auf vielen verschiedenen Wegen gemeinsam mit Hund auf Entdeckungstour gehen. Auf diversen Infotafeln informiert beispielsweise der »Wanderweg Malsch« über den Wein und führt dabei in zwei bis drei Stunden durch die hügelige Landschaft. Der drei- bis vierstündige Rundweg »Wälder, Weiher, Weinplateau« in Oberderdingen führt am schönen Kraichsee vorbei. Was Sie bei einem Besuch auf gar keinen Fall verpassen sollten, ist bei einem der Weinbauern haltzumachen und sich mit der ein oder anderen Flasche einzudecken.

Nicht nur Ackerland, auch üppige Bauerngärten haben Tradition im Kraichgau. Beim Wandern mit dem Hund können Sie die geschichtsträchtigen Bauerngärten entdecken. Hier sprießt und blüht es zwischen Kräutern und Gemüse. Einer davon wartet in der Humstermühle am Rande des Schwarzrieslingdorfes Kürnbach. Übrigens: Aufgrund des relativ milden Klimas wird der Kraichgau häufig auch als die »Badische Toskana« bezeichnet. Wer durch die üppigen farbenfrohen Beete streift, versteht, warum. Neben dem ländlichen Leben lohnt es sich auch, das städtische Leben im Kraichgau kennenzulernen. Bruchsal liegt am westlichen Rand des Kraichgaus. Das Bruchsaler Schloss im barocken Stil hat einen wunderschönen Schlossgarten, der sich prima zum

→ Warum nicht mit der ganzen Familie – inklusive dem Hund – im Kraichgau Urlaub machen? Was man für erholsame Tage braucht, findet man hier.

Tipp

ADRENALIN

Über hundert tolle Attraktionen erwarten Sie im Erlebnispark Tripsdrill – darunter die Katapult-Achterbahn »Karacho«, Waschzuber-Rafting oder eine Badewannenfahrt zum Jungbrunnen. Das Beste: Ihr Hund darf Sie an der Leine in den Park begleiten (www.tripsdrill.de).

Gassigehen anbietet. Beim Lustwandeln durch die französische Gartenarchitektur von Bruchsal fühlt man sich selbst gleich ganz herrschaftlich. Nicht verpassen sollte man das frei zugängliche Streuobstmuseum der Stadt Bruchsal. Hier gibt es nicht nur zahlreiche alte, fast vergessene Obstsorten zu entdecken, sondern auch die Lebensräume Bauerngarten und Feldhecke. Anhand von Tafeln werden Infos zu Herkunft, Wachstumsbedingungen und Verwendung von Äpfeln, Birnen, Kirschen, Zwetschgen und Wildobst bereitgestellt.

Zwischen Bau- und Naturdenkmälern

Unweit von Bruchsal befindet sich eine eindrucksvolle Erosionsschlucht, die Ungeheuerklamm – auch hier können Sie mit Ihrem Vierbeiner einen schönen Ausflug unternehmen. Mit fünf Meter Tiefe, einer Länge von 1500 Metern und einem Gefälle von rund 100 Metern ist die Ungeheuerklamm ein beachtliches Naturdenkmal. Und was hat es nun mit dem »Ungeheuer« auf sich? Überliefert ist, dass auf der Anhöhe in der Nähe einst der Galgen stand und sich zu Schinderhannes Zeiten dort der Räuber Johann Adam, genannt »Hansedele«, aufgehalten haben soll. Kein Wunder also, dass man diesen Ort als unheimlich empfand. Sicher ist jedoch eines: Die Klamm ist ungeheuer beeindruckend!
Nächstes Ziel ist die Fachwerkstadt Eppingen. Rund 240 Baudenkmäler lassen sich beim Bummel durch den mittelalterlichen Stadtkern besichtigen. Weit über die Landesgrenzen hinaus bekannt ist das anno 1582 erbaute »Baumannsche Haus« – und auch die Alte Universität ist der Stolz der Stadt. Heute befindet sich in dem prächtigen Gebäude das Stadt- und Fachwerkmuseum.

»Beim Lustwandeln durch den Schlossgarten von Bruchsal fühlt man sich ganz herrschaftlich.«

↗ Umgeben von Weinhängen: die Burgruine Ravensburg bei Sulzfeld in Kraichgau
← Blick vom Ehrenhof auf die spätbarocke Hauptfassade von Schloss Bruchsal

Spielerisch lernen in der Natur kann man auf verschiedenen Erlebnisspaziergängen und Lehrpfaden vor den Toren der Stadt, wie dem »Waldfühlpfad« rund um den Jägersee oder dem »Eppinger Linienweg«, der durch den Naturpark Stromberg-Heuchelberg führt. Diese Wege eignen sich wunderbar für einen Spaziergang mit dem Vierbeiner. Außerdem lernen Sie viel über die Region und ihre Eigenheiten.

Lust auf Höhenluft? Der Burgberg in Sinsheim ist die höchste Erhebung des Kraichgaus. Auf dem ehemaligen Vulkan steht die Burg Steinsberg, die mit ihrem Turm und feinster Steinbearbeitung ein architektonisches Meisterwerk der Stauferzeit ist. In der Burgschänke gibt es deftige regionale Küche, und rund um die Burg verlaufen 30 Wander- und Radtouren von fünf bis 60 Kilometer Länge.

Tipp

HUNDE-SHOPPING

In Sinsheim finden Sie im DOGSTYLER auf 630 Quadratmetern ein breites Angebot an Hundezubehör mit professioneller Beratung (www.dogstyler.de).

WILDPARK

Der 16,5 Hektar große weitläufige Wildpark Pforzheim im Hagenschiess-Wald hat täglich geöffnet. Über 400 zum Teil seltene Säugetiere, Fische, Amphibien und Vögel aus den verschiedensten Regionen der Erde kann man dort beobachten. Ein Kinderbauernhof und ein Streichelzoo machen den ganz Kleinen besonders viel Freude. Ihr Hund darf an der Leine gern mit (www.wildpark.pforzheim.de).

ÜBERNACHTEN

Das Gästeappartement Viktoria, zentral in Sinsheim gelegen (www.eibauer-ferienwohnungen-sinsheim.de), die Ferienwohnungen Knodel in Sachsenheim (www.ferienwohnung-knodel.de) oder die Villa Waldeck in Eppingen (www.villa-waldeck.de) begrüßen Sie gern auch mit Vierbeiner.

28 Spessart – von allem etwas!

Zwischen Wald, Wein und Wasser

Ob Wanderungen mit dem Vierbeiner, Radtouren oder Kulturerlebnisse in Städten wie Aschaffenburg: Im Spessart kann man entschleunigte Tage genießen. In der Region zwischen Vogelsberg, Rhön und Odenwald warten spannende Ausflugsziele und eine abwechslungsreiche Natur zum Erholen auf Sie und Ihren Hund.

Wussten Sie, dass der Schwarzspecht das Wappentier des Naturparks Spessart ist? Gut möglich, dass Sie dem schwarz gefiederten Vogel mit dem roten Haupt und dem kräftigen Schnabel bei einer Wanderung im Spessart begegnen, denn im größten Mischwaldgebiet Deutschlands hat der Schwarzspecht eine große Auswahl an stattlichen Bäumen für seine Höhle. Bevor Sie in die Natur wandern, lohnt es sich, mit dem »Tor zum Spessart« zu beginnen und die Stadt Aschaffenburg zu besuchen. Bummeln Sie mit Hund in der Altstadt oder durch den Park Schönbusch – einen der ältesten Landschaftsgärten Deutschlands. In der 50 000 Quadratmeter großen CityGalerie, in der auch Vierbeiner an der Leine willkommen sind, kann nach Herzenslust geshoppt werden. Aschaffenburg haben viele vielleicht nicht unbedingt auf dem Schirm, wenn es um Citytrips geht, doch diese Stadt mit dem markanten Schloss Johannisburg und der idyllischen Lage am Main lohnt einen Ausflug! Die Mainpromenade, die Weinberge mit dem berühmten Pompejanum, dem Nachbau einer römischen Villa aus Pompeji, aber auch die malerische Altstadt mit der Stiftskirche – all das wirkt an lauen Sommerabenden schon fast mediterran.

Märchenhaft zwischen dichten Wäldern und schmucken Fachwerkhäusern

Es heißt, Schneewittchen – Sie wissen schon, die aus dem Grimm-Märchen – käme aus Lohr am Main. Glauben Sie nicht? Dann begeben Sie sich auf Spurensuche in das Städtchen und überzeugen Sie sich selbst. Auf dem »Schneewittchen-Wanderweg« erfahren Sie einiges über das Märchen und den (vielleicht) wahren Kern der Geschichte. Eine Gassirunde in der Altstadt von Lohr führt vorbei am Lohrer Schloss und an zahlreichen Fachwerkhäusern – darunter dem beeindruckenden Gasthof Krone. Das Gesamtensemble von Fachwerkfassaden im fränkischen Stil ist auf alle Fälle sehenswert! Weiter östlich liegt Hammelburg, die älteste Weinstadt Frankens. Umgeben von den sanften Hügeln der Rhön und den bewaldeten Hügelketten des Spessarts liegt das Städtchen malerisch eingebettet in der Natur. Hinter dem »Stadtmenü in zwei Gängen« verbergen sich interessante Stadtrundgänge durch die schmalen Gassen. So kann man die Geschichte der Stadt ganz entspannt bei einem Bummel gemeinsam mit dem Hund kennenlernen. Eine generelle Leinenpflicht gilt in Hammelburg übrigens nicht für Hunde. Die Wahrzeichen von Hammelburg sind das Rathaus mit Marktbrunnen, das Kellereischloss – und vor allem das über der Stadt thronende Schloss Saaleck. Ein Glas Wein gehört in Frankens ältester Weinstadt natürlich unbedingt mit zum Erlebnis.

»Der Spessart ist berüchtigt für seine Räuber.«

↗ Malerisch verwinkelt: das mittelalterliche Schloss in Lohr am Main
← Schloss Johannisburg in Aschaffenburg gilt als eine der bedeutendsten Schlossanlagen der Spätrenaissance in Deutschland.

Der Spessart ist berüchtigt für seine Räuber, die in den Spessartwäldern einst Zuflucht fanden. Berühmt wurden diese Spessartganoven durch die Komödie *Das Wirtshaus im Spessart* von 1958, die im Wasserschloss Mespelbrunn gedreht wurde. Dieser Ort ist absolut zauberhaft! Leider sind im Schloss aus dem 16. Jahrhundert keine Hunde gestattet, können aber in einer Hundestation angeleint werden. Das »Räuberland« Spessart wurde als »Qualitätsregion Wanderbares Deutschland« zertifiziert.

Tipp

TIERISCHE BAHNFAHRT

An Sonn- und Feiertagen dampft die historische Lok »Emma« mit lautem Pfeifen auf der Strecke von Bad Orb nach Wächtersbach. Steigen Sie in die Dampfkleinbahn und lassen Sie das idyllische Autal mit Hund an sich vorbeiziehen (www.dampfkleinbahn-bad-orb.de).

Um Dammbach, Eschau, Heimbuchenthal, Leidersbach, Mespelbrunn und Rothenbuch gibt es »Räuberland-Wanderpfade« (www.spessartraeuberland.de). Ein traumhaft schöner Ort zum Entspannen wartet auf Sie zwischen Gräfendorf und Dittlofsroda: der Trettsteiner Wasserfall. Eigentlich liegt das Naturschauspiel schon im Bereich der bayerischen Rhön, doch kleine Grenzgänge machen wir für solche Naturerlebnisse gern. Sechs Meter fällt der kleine Eidenbach hier in die Tiefe. Den Anblick kann man nach einer kurzweiligen Wanderung mit dem Hund genießen. Die letzten Meter zum Wasserfall sind mit einem Handlauf gesichert. Eine weitere kurze, aber lohnenswerte Wanderung können Sie zur Ruine Karlsburg unternehmen. Die Burg steht auf einem Felssporn am linken Mainufer gegenüber der Stadt Karlstadt. Den Aufstieg beginnen Sie im Stadtteil Mühlbach, wo schmale Treppen nach oben führen. Allein für den Ausblick lohnt sich der Aufstieg, und die Ruine ist ein Abenteuerspielplatz für Kinder und Hunde. Am Rande des Nordspessarts befindet sich im Stadtwald von Bad Orb der Wildpark Bad Orb. Er ist täglich geöffnet und kostenfrei. Hunde sind willkommen, müssen aber an die Leine.

↗ Märchenhaftes Wasserschloss mitten in den Spessartwäldern: Schloss Mespelbrunn
← Wälder, Täler, Flusslandschaften: Wandern im Spessart ist mit dem Hund vor allem im Herbst eine wunderbare Sache.

Tipp

WALDERLEBNISPFAD

Spielerisch und mit allen Sinnen etwas über den Wald lernen? Das kann man auf dem 1,5 Kilometer langen Hohenrother Waldpfad bei Schaippach (www.spessart-erleben.de/content/waldpfad-hohenroth).

WASSERERLEBNISHAUS

Das Wassererlebnishaus in Rieneck ist ganzjährig und jederzeit auch für Hunde geöffnet. Dort können Sie den »Lebensraum Gewässer« kennenlernen und die Vielfalt von Wasser anhand von verschiedenen Mitmachstationen erleben (www.spessart-erleben.de/content/wasser-erlebnishaus-rieneck).

WEITERE INFOS

Mehr zu Aktivitäten in der Region unter www.spessart-erleben.de

ÜBERNACHTEN

Mit Hund können Sie im Hotel & Restaurant Zur schönen Aussicht in Marktheidenfeld übernachten (www.hotelaussicht.de) oder im Wald-Hotel Heppe in Dammbach. Das Hotel liegt idyllisch und etwas abgelegen. Hunde haben hier viel Platz zum Toben. Es gibt auch ein Tiny House (waldhotelheppe.de/urlaub-mit-hund-im-spessart).

29 Schwarzwald – mehr als Kuckucksuhren

Mit dem Hund im »Silva nigra«

Dunkle Wälder und malerische Dörfchen – der Schwarzwald liefert den Stoff, aus dem Märchen gemacht sind. Die dichten Waldgebiete waren es, die die Römer zum Namen »Silva nigra« – schwarzer Wald – inspirierten. Wir verraten Ihnen die schönsten Schwarzwaldtouren mit dem Vierbeiner.

Der Schwarzwald ist bekannt für Kuckucksuhren, die traditionellen Bollenhüte – und natürlich die Schwarzwälder Kirschtorte. Nichts für ungut, aber die beliebte Ferienregion im Südwesten bietet noch so viel mehr! Sie rühmt sich offiziell als »Deutschlands schönste Genießer-Ecke« und davon darf man sich gern überzeugen lassen. Viel Überzeugungsarbeit bedarf es dabei nicht.
Wer eine Weinverkostung am Kaiserstuhl erlebt oder sich ein Stück Schwarzwälder Schinken auf der Zunge zergehen lässt, ist jedenfalls ziemlich schnell glückselig. Auch mit Hund gibt es in der Region jede Menge zu entdecken– am besten zu Fuß, denn schließlich ist der Schwarzwald eines der größten Wandergebiete Deutschlands.
Und los geht's. Folgen wir zuerst der Spur der Bäume im Baumkronenweg Waldkirch. Hier begegnen Sie dem Schwarzwald quasi auf Augenhöhe, und zwar in 23 Meter Höhe. Am Ende des Parcours erreichen Sie Europas größte Riesenröhrenrutsche: Wagemutige können hier auf sagenhaften 190 Metern den Rückweg antreten. Zur Sicherheit sei erwähnt: Hunde dürfen nicht mitrutschen! Wer lieber am Boden bleiben möchte, erfährt auf dem »Sinnespfad« Wissenswertes rund um den Baumkronenweg (www.baumkronenweg-waldkirch.de).
Es zieht Sie weiter raus ins Grüne? Dann fahren Sie 50 Kilometer weiter südlich und wandern Sie von Todtnau zu den Todtnauer Wasserfällen. Über mehrere Stufen stürzt das Wasser hier beinahe 100 Meter teils frei, teils gleitend mit lautem Getöse in die Tiefe. Dieser Anblick lohnt sich!
Für Familien und Tierliebhaber bietet sich ein Besuch in dem kleinen, aber feinen Schwarzwaldzoo Waldkirch an. Im Zoopark kann man etwa

→ Weltberühmte Handwerkskunst mit Tradition im Schwarzwald: eine Luxus-Kuckucksuhr aus Holz

Kuckucksuhr handgeschnitzt Original Schwarzwälder
请不要触摸
Please Do NOT Touch
Cuckoo Clocks
Guts Hof

230 Tiere sehen, darunter Luchse und Rotfüchse. Hunde an der Leine sind auf dem Gelände erlaubt (www.schwarzwaldzoo.de). Eine andere Ausflugsidee für alle, die sich für Tiere interessieren, ist der Besuch im Alternativen Wolf- und Bärenpark in Bad Rippoldsau-Schapbach. Hier hat man die Möglichkeit, einmal große Raubtiere wie Wölfe und Bären zu beobachten – ein ganz besonderes Erlebnis! Ihr Vierbeiner darf angeleint mit in den Park (www.baer.de/projekte/alternativer-wolf-und-baerenpark-schwarzwald)!

Tipp

SAUSCHWÄNZLEBAHN

Wenn Sie gern auf Schienen reisen, dann ist die Sauschwänzlebahn in Blumberg das Richtige für Sie. Auf einer historischen Zugfahrt, wahlweise in einer Dampf- oder Diesellok, können Sie das wildromantische Wutachtal mit Volldampf entdecken. Ihr Hund darf kostenlos mitfahren (www.sauschwaenzlebahn.de).

»Schwenningen, die einst größte Uhrenstadt der Welt«

Städtetrip im Schwarzwald

Es gibt auch bedeutende Städte, die Sie auf Ihrer Schwarzwaldtour besuchen sollten. Am westlichen Rand des nördlichen Schwarzwalds liegt die elegante Bäderstadt Baden-Baden. Sie ist eine der ältesten Städte Deutschlands, die ihre Blüte im 19. Jahrhundert erlebte, als die Aristokratie aus ganz Europa hierher kam, um sich in den Thermalquellen und im Kurhaus mit Casino zu vergnügen. Genießen Sie mit Ihrem Hund Spaziergänge durch die prachtvolle Park- und Gartenanlage Lichtentaler Allee oder besuchen Sie die Römischen Badruinen (www.carasana.de/de/friedrichsbad/rmische-badruinen.html). Zwischen dem Kaiserstuhl und dem südlichen Schwarzwald liegt die Universitätsstadt Freiburg im Breisgau. Sie ist die größte Stadt des gesamten Schwarzwalds und eine der schönsten. Auf dem Münsterplatz findet täglich ein Markt statt. Eine Besonderheit Freiburgs sind die Bächle, die seit dem Mittelalter durch die Stadt fließen und heute vor allem Kinder, aber auch Hunde erfreuen. Die Doppelstadt Villingen-Schwenningen liegt am Rand des mittleren Schwarzwalds. Hier kann man Villingen mit seiner historischen Altstadt erkunden oder Schwenningen, einst größte Uhrenstadt der Welt. Wer sich mit der Kulturgeschichte des Schwarzwalds beschäftigen möchte, kann dies im Schwarzwälder Freilichtmuseum Vogtsbauernhof in Gutach

↗ Historischer Schick: Gebäude in der Bäderstadt Baden-Baden
← Zum Markenzeichen des Schwarzwalds ist neben der Kuckucksuhr der Bollenhut geworden, den es in allen möglichen Ausführungen gibt.

tun und 400 Jahre Geschichte erleben. Imposante Höfe, Mühlen und Sägen vermitteln, wie man damals gelebt, gearbeitet und gewohnt hat. In den Obergeschossen dreht sich alles um die Blütezeit der Stadt, die Markgrafenzeit. Die Epochen vom Dreißigjährigen Krieg über den Spanischen Erbfolgekrieg bis zum Ende der Markgrafenherrschaft in Ansbach können bei einem Rundgang nacherlebt werden. Vierbeiner sind im Museum angeleint willkommen (www.vogtsbauernhof.de).

Tipp

SCHAUINSLAND

Nur etwa 15 Kilometer vom Stadtzentrum entfernt liegt der Freiburger Hausberg Schauinsland. Der 1284 Meter hohe Gipfel lockt mit einem wunderbaren Fernblick und mit jeder Menge Möglichkeiten für Outdoor-Aktivitäten (www.schauinsland.de)

SEERUNDFAHRT

Wie wäre es mit einer Partie auf dem Wasser? Eine Rundfahrt auf dem Schluchsee ist unbedingt zu empfehlen. Von Mai bis Oktober fährt die MS Schluchsee. Ihr Hund darf Sie auf das Schiff begleiten – aber nur mit trockenem Fell (www.seerundfahrten.de)!

ÜBERNACHTEN

Hunde sind beispielsweise in der Pension Williams in Seebach (www.pension-williams.de) willkommen, im Hotel Sarbacher in Gernsbach (www.hotel-sarbacher.de) sowie auf dem Campingplatz Family Resort Kleinenzhof (www.kleinenzhof.de).

Wo gibt es die schönsten …?

Unterkünfte der besonderen Art

Wer es gern individueller und unkonventioneller mag, dem wird bei diesen besonderen Unterkünften das Herz ein wenig höherschlagen. Von einfach und bodenständig bis schräg ist alles geboten ...

SCHLUMMERN IM SCHLAFFASS

Allgäu, Lechbruck am See Wo sonst edle Tropfen lagern und reifen, fallen Sie und Ihr Hund beim Einatmen des Kiefernholzduftes in süße Träume. Nicht einmal zehn Quadratmeter Fläche hat so ein Fass, dafür ist es urig als Schlafstätte. Außerdem gibt es eine große Liegefläche und im Vorraum kann man gemütlich zusammensitzen. Rund um das Camp gibt es schöne Gassirunden, eine eingezäunte Hundefreilaufwiese mit einem Bachlauf, Sitzgruppen für das Picknick, einen Seezugang für Hunde und Hundeduschen. Eine runde Sache und ein besonderes Erlebnis (www.via-claudia-camping.de).

BAUMHAUS MIT AUSSICHT

Neckar-Odenwald, Rosenberg Übernachten im Baumhaus, das ist für viele ein echter Kindheitstraum. Das Baumhaushotel Rosenberg bietet gleich sieben Häuser am Waldrand in Baden-Württemberg, mitten in der Natur fernab von Städten. Abends wird an der Feuerstelle gegrillt, nachts hoch oben geträumt – und am Morgen gibt es den Frühstückskorb auf dem Balkon. Das Schöne ist, dass Haustiere hier herzlich willkommen sind (auch wenn sie aus statischen Gründen nicht mehr als zwei Tonnen wiegen sollten). In der Umgebung gibt es Seen, Berge, einen Zauberwald, einen Pfauengarten und den Kiefermischwald rings um das Baumhäuschen – ein echter Spielplatz für Mensch und Hund. Außerdem verläuft der Fränkisch-Schwäbische Jakobsweg hier vorbei (www.baumpalast.de).

IN DER REETKATE ENTSPANNEN

Nordfriesland, Sankt Peter-Ording Diese kleine, schnuckelige alte Fischerkate liegt traumhaft direkt am Nordseedeich und dem riesigen und wohl berühmtesten Sandstrand an der Nordsee: St. Peter-Ording (siehe S. 16/17). Auf dem Deich verzaubert das einzigartige Panorama aus Himmel, Wellen und Sanddünen. Nicht zu vergessen sind die legendären Pfahlbauten, die Tümlauer Bucht und der Westerhever Leuchtturm neben den zahlreichen Schafen. Das ursprüngliche Fischerhaus stammt aus dem 18. Jahrhundert. Achtung (betrifft vor allem Großgewachsene): Die typische Bauweise ist in der gesamten Kate sehr niedrig, aber vier Personen und Hund finden hier locker Platz www.fischerkate-am-strand.de.

KUSCHELN IN DER JURTE

Schwäbische Alb, Münsingen Wer in der Jurte nächtigen will, sollte auf etwas wärmere Nächte warten. Denn hier handelt es sich um Originaljurten, die von Nomadenfamilien in Kirgisistan in traditioneller Handarbeit hergestellt wurden. Eine Heizung oder ähnlichen westlichen Luxus hat so eine Jurte daher nicht. Dafür ist aber das eingezogene Glaskuppeldach, durch das man in den Sternenhimmel blicken kann, etwas für echte Romantiker (www.hofgut-hopfenburg.de)!

↑ Im Baumhaus nächtigen und mit Aussicht gemütlich frühstücken kann man zum Beispiel in Rosenberg im Odenwald.
← Schon mal in einem Fass übernachtet? Das geht im Allgäu in Lechbruck am See.

Ob Stadt oder Land – ist der Hund dabei, muss man das eine oder andere bedenken, damit der Urlaub für alle entspannt ist.

Register

Bildnachweis

Bildnachweis:
Look: S. 12, 31 (Wohner, Heinz); S. 26 (age fotostock); S. 48 (Leue, Holger); S. 52 (Strauß, Andreas); S. 62 (Neumann, Michael); S. 65, 74, 121 (Wothe, Konrad); S. 66 (Dressler, Hauke); S. 67 (Böttcher, Ulf); S. 96 (Runck, Robin); S. 102 (robertharding); S. 103 (Bayerl, Günther); S. 123 (olafprotze); S. 146 (Wagner, Hanna); S. 154, 165 (Merz, Brigitte)
Shutterstock: S. 2 (Melinda Nagy); S. 4 (YRABOTA), S. 5 li. (Guenter Albers); S. 5 re. (Bildagentur Zoonar GmbH); S. 6 li. (DaLiu); S. 6 re., 7 re., 107 u., 122, 183 (FooTToo); S. 7 li., 168 (Rainer Lesniewski); S. 8 (Lucia Romero); S. 10 (LightField Studios); S. 14 (Viktorya Telminova); S. 15 (Davizro Photography); S. 17 (Franziska Marie Starke); S. 18 o. (Michael Thaler), ul. (Wirestock Creators), ur. (Ivonne Wierink); S. 20 (Anastasiia-S); S. 21 (Majonit); S. 23 (Thorsten Link); S. 24 (Ralf Gosch); S. 25 (Sandra Lorenzen-Mueller); S. 28 (amfroey); S. 29 (rebeccaashworth); S. 32 o. (Heidi Bollich), u. (Conny Pokorny); S. 34 (StayArt media); S. 35 (Majonit); S. 37 (Joppi); S. 38 (Martin Duering); S. 39 (Joel Wuestehube); S. 40 (Reshetnikov_art); S. 41 (Markus Mainka); S. 42 (IURII BURIAK); S. 45 (Heiko Kueverling); S. 46 (Mickis-Fotowelt); S. 47 (ricok); S. 50 (Bjoern Wylezich); S. 51 (marekuliasz); S. 54 (Lisjatina); S. 55 (Tanhu); S. 56 (lunamarina); S. 59 o. (Marc Venema), u. (Lightboxx); S. 60 (manushot); S. 61 (Zakaria bouzetine); S. 69 (leoks); S. 70 o. (Andreas Zerndl), u. (penofoto); S. 72 (Marie Hein); S. 73 (Shinedawn); S. 76 (Animaflora PicsStock); S. 77 (vvvita); S. 78 (Wirestock Creators); S. 79 (MimiDiMontagne); S. 80 (Larina Marina); S. 81 (SM-BG); S. 83, 151 (Oliver Hlavaty Photo); S. 84 (Rudmer Zwerver); S. 85 (Ground Picture); S. 86 (precinbe); S. 88 (Peter Fodor); S. 89 (Nadezda Murmakova); S. 90 (Julia Faerber Summer 2); S. 92 (balipadma); S. 95 o. (Dan Race), u. (leoks); S. 97 (reindo); S. 99 (Viacheslav Lopatin); S. 100 o. (Villy Yovcheva), u. (ER_09); S. 104 (Altrendo Images); S. 107 o. (waupee08); S. 108 (canadastock); S. 109 (ThomBal); S. 110 (elxeneize); S. 111 (svebed); S. 112 (DaLiu); S. 113 (Max.T); S. 114 (Jwake); S. 115 (beto_junior); S. 116, 124 (Eder); S. 18 (Jochen Netzker); S. 119 (michelangeloop); S. 126 (anahtiris); S. 127 (hightowernrw); S. 128 (manfredxy); S. 129 (berni0004); S. 130 (Melanie J); S. 132 (Sergey Dzyuba); S. 133 (Conny Pokorny); S. 134 (Soloviova Liudmyla); S. 135 (Gerain0812); S. 136 (dezy); S. 138 (MatGo); S. 140 (Dirk M. de Boer); S. 141 (Tanja Esser); S. 142, 144 o., 171, 174 (Sina Ettmer Photography); S. 144 ul., 175 (Harald Lueder), ur. (Mindscape studio); S. 147 (May_Lana); S. 148 (Astor57); S. 149 (Ina Meer Sommer); S. 150 (tatigasques); S. 153 (Hollysdogs); S. 154 ul. (Joelle Martial), ur. (Guillem de Balanzo); S. 156 (Jan Wehnert); S. 157 (foto-select); S. 158 (View Apart0); S. 159 (A_B_C); S. 160 (Sergey Novikov); S. 162 o. (Alice-D), u. (Juan Carlos Munoz); S. 164 (CL-Medien); S. 166 (Kay Wiegand); S. 170 (ON-Photography Germany); S. 173 (NDAB Creativity); S. 176 (vichie81); S. 177 (Moskwa); S. 178 (Bogdan Sonjachnyj); S. 179 (HaniPhoto); S. 181 (Kit Leong); S. 182 (Helen Rose Gabriel); S. 186 (otsphoto)

S. 184 (Via Claudia Camping); S. 185 (Baumpalast)

Ebenfalls erhältlich …

ISBN 978-3-7343-2417-8

ISBN 978-3-7343-2416-1

BRUCKMANN

www.bruckmann.de

Impressum

Verantwortlich: Carola Holzer
Redaktion und Lektorat: Antje Eszerski
Layout- und Reihengestaltung: Mathias Frisch
Covergestaltung: Kaj Ritter
Satz: Clemens Hoffmann
Repro: LUDWIG:media
Kartografie: Heike Block
Herstellung: Alexander Knoll
Printed in Slovenia by Florjancic Tisk

★★★★★

Sind Sie mit diesem Titel zufrieden? Dann würden wir uns über Ihre Weiterempfehlung freuen.
Erzählen Sie es im Freundeskreis, berichten Sie Ihrem Buchhändler, oder bewerten Sie bei Onlinekauf. Und wenn Sie Kritik, Korrekturen, Aktualisierungen haben, freuen wir uns über Ihre Nachricht an Bruckmann Verlag, Postfach 40 02 09, D-80702 München oder per E-Mail an lektorat@verlagshaus.de.

Unser komplettes Programm finden Sie unter www.bruckmann.de

Alle Angaben dieses Werkes wurden von der Autorin sorgfältig recherchiert und auf den neuesten Stand gebracht sowie vom Verlag geprüft. Für die Richtigkeit der Angaben kann jedoch keine Haftung übernommen werden, weshalb die Nutzung auf eigene Gefahr erfolgt. Insbesondere bei GPS-Daten können Abweichungen nicht ausgeschlossen werden. Sollte dieses Werk Links auf Webseiten Dritter enthalten, so machen wir uns die Inhalte nicht zu eigen und übernehmen für die Inhalte keine Haftung.
In diesem Buch wird aus Gründen der besseren Lesbarkeit das generische Maskulinum verwendet. Weibliche und anderweitige Geschlechteridentitäten werden dabei ausdrücklich mitgemeint, soweit es für die Aussage erforderlich ist.

Vorderseite v.o.l.n.u: Blick auf den Marktplatz von Seligenstadt mit seinen alten Fachwerkhäusern (shutterstock/H-AB Photography); ein Mann mit seinem Hund auf einem Stand-up-Paddle-Board (mauritius images/Cavan Images); Unterwegs am Salzalpensteig auf den Etappen im Berchtesgadener Land (TOM/Ferrigato).
Rückseite v.l.n.r.u.: Hundespuren im Watt (shutterstock/Franziska Marie Starke); Wandern im Allgäu (shutterstock/hightowernrw); Auf dem Spreewaldkahn (look/Wothe, Konrad); Hund mit Reisegepäck (shutterstock/Viktorya Telminova); Kanutour auf der Lahn (shutterstock/Sina Ettmer Photography).

Die Deutsche Nationalbibliothek verzeichnet diese Publikation in der Deutschen Nationalbibliografie; detaillierte bibliografische Daten sind im Internet über http://dnb.d-nb.de abrufbar.

3. aktualisierte Auflage 2025
© 2024, 2023 Bruckmann Verlag GmbH, Infanteriestraße 11a, 80797 München
ISBN 978-3-7343-2750-6